トランプvsバイデン

「冷たい内戦」と「危機の20年」の狭間

村田晃嗣
Murata Koji

PHP新書

はじめに

『市民トランプ』の「薔薇の蕾」?

君は自分のことだけがかわいいんだろう?
君はいつも自分を強く愛するよう相手に要求している
独りよがりの〝愛〟ってやつだ
自分勝手なルールを作ってな

あなたは何も与えない
見返りを求めているだけよ
愛なんてない

自分のことだけ
〝俺はケーンだ
望むものは何でも手に入れる
だから愛をくれ〟

親友や妻からこんな絶縁の言葉を投げかけられれば、たいていの者は心を挫《くじ》かれてしまう。

だが、チャールズ・フォスター・ケーンは違った。オーソン・ウェルズ監督・主演の映画『市民ケーン』（1941年）の主人公である。アメリカ映画の最高傑作、さらには、世界映画の最高傑作に、しばしば選ばれる作品である。

ケーンは貧しい下宿屋に生まれ育ったが、ある偶然から巨万の富を相続することになる。そこで、彼は両親から引き離され、ニューヨークの銀行家に預けられた。やがて独立すると、ケーン青年は落ち目の新聞社を買い取って、センセーショナルな手法で経営に乗り出した。部数を伸ばすためなら、戦争を煽ることも辞さなかった。「君は散文を書け。私は戦争を起こす！」と、ケーンは記者に命じる。

ケーンは大統領の姪と結婚し、将来の大統領候補にすら擬されるようになった。さらに、彼は州知事選挙に立候補し、現職の知事に対して「俺が当選すれば、特別検察官を雇って、お前を刑務所にぶち込んでやる」と威嚇する。だが、売れないオペラ歌手を愛人にしていることが発覚して、ケーンは落選する。彼が発行する新聞は、予《あらかじ》め2種類の号外を用意していた。「ケーン氏当選！」と「不正選挙！」である。

この間、ケーンは親友に離反され、妻とは離婚し、やがては2度目の妻とも不和になる。彼はフロリダに「ザナドゥー」（フビライ・ハンの夏の都の名前）という豪邸を建造し、世界各国の美術品を収集するが、世間から忘れ去られて、孤独の中で息を引き取る。この大富豪の末期の言葉が、「薔薇《ばら》の蕾《つぼみ》」（ローズ・バッド）であった。

この言葉の謎を解こうと、あるジャーナリストがかつての関係者をインタビューして回る。この回想スタイルで物語は展開する。だが、「薔薇の蕾」の謎は解けない。件《くだん》のジャーナリストは調査をついに断念し、未完の豪邸ではケーン所有の美術品や遺品が整理され廃棄されていく。遺品の一つ、古い雪橇《ゆきぞり》が暖炉の火に投げ込まれる。優しかった母親と暮らしていた頃、ケーン少年はこれを愛用していた。炎に包まれた雪橇に、かすかな絵模様が見える。そう、「薔薇の蕾」の絵模様である。貧しくとも幸せだった幼少期の思い出が、末期の言葉の意味だったのである。

ケーンのモデルは、実在の新聞王ウィリアム・ランドルフ・ハーストである。父が銀の鉱山を掘り当てたことから富豪になり、彼は新聞社を手に入れて汚職の暴露などで販路を拡大した。ハーストはスペインとの戦争、米西戦争を煽って報道し、扇情的なメディアを意味する「イエロー・ジャーナリズム」という言葉まで生まれた（ハースト系の新聞に『イエロー・キッド』という漫画が掲載されていたことに由来する）。「君は写真を撮れ。私は戦争を起こす」と、ハーストはカメラマンに命じたという。また、彼もニューヨーク州知事に立候補したが敗れたし、マリオン・デイヴィスという元女優の愛人がいた。

「マンク」こと、脚本家のハーマン・J・マンキーウィッツはハーストやデイヴィスと親交があり、その彼がウェルズと共同で『市民ケーン』の脚本を執筆した。「マンク」の創作の苦悩を描いた映画が、ネットフリックス配給、デヴィッド・フィンチャー監督『Mank／マンク』（2020年）である。

ところで、主人公のモデルになったハーストは当然としても、ドナルド・J・トランプがいかにケーンと酷似していることか。トランプは不動産王であり、2度離婚して3度目の妻メラニアは元モデルであった。彼も過激な発言で有名であり、2016年の大統領選挙では民主党のヒラリー・クリントン候補を「刑務所に入るべきだ」と批判し、20年の大統領選挙で民主党のジョー・バイデン候補に敗れると、不正選挙だと主張した。しかも、トランプもフロリダに「マール・ア・ラゴ」という豪邸を擁している。まさに『市民トランプ』である。しかも、『市民ケーン』はトランプのお気に入りの映画の一つなのである。

ただし、架空のケーンと実在のトランプ、『市民ケーン』と『市民トランプ』の最大の相違は、後者がアメリカ合衆国の大統領になった点にある。アメリカ憲法を専門とする阿川尚之は、「トランプの出現は、そもそもアメリカとは何なのかという問いを改めて投げかけている」と、鋭く指摘する。そのため、世界中が『市民トランプ』にとっての「薔薇の蕾」を捜し求めることになった。これが本書前半の問いである。トランプ大統領を登場させた背景や彼の原動力は、何であったのか？

さらに、トランプはホワイトハウスを去ったが、彼の政治的影響力は依然として無視できない。例えば、共和党の下院院内総務ケビン・マッカーシーは退任直後のトランプを「マール・ア・ラゴ」に訪ねて、2022年の中間選挙に向けた団結を謳《うた》った。ほどなく、反トランプ派のリズ・チェイニー（ディック・チェイニー元副大統領の長女）は共和党の下院議員総会議長を解任され、トランプ派のエリス・ステファニクが後任に就いた。トランプが共和党の「結束」を賞賛したことは、言うまでもない。

しかも、ジョージ・P・ブッシュまで、トランプを礼賛してやまない。22年のテキサス州司法長官の選挙に立候補を表明しているからである。ジョージ・Pの父親は、ジェブ・ブッシュ元フロリダ州知事である。16年の共和党予備選挙で、この父は「エネルギー不足」とトランプに罵《ののし》られた。つまり、ジョージ・Pの祖父と伯父は共和党の元大統領なのである。今や、この御曹司もトランプに迎合している。「私のことを好きなブッシュは彼だけだ」と、当然、トランプはご満悦である。

トランプ政権からバイデン政権へと、アメリカの政治と外交、社会の何が変化し何が継続しているのか？　そして、米中関係は第二の冷戦となるのか？　日本はそれとどう向き合うのか？　これらが本書後半の問いである。

政治状況が不透明な時、人はしばしば歴史をふり返る。歴史に循環（サイクル）を見出す者、歴史に類型（タイポロジー）を求める者、そして、歴史に類似（アナロジー）を問う者と様々である。それぞれに長短があろうが、本書では歴史のアナロジーに頼りながら、先述の問いを考えてみたい。過去との類似と相違の双方を比較できるし、現に多くのアナロジーが語られているからである。

ところで、バイデン大統領のお気に入りの映画は何か？　これについては、最後にご紹介したい。

トランプVSバイデン

目次

はじめに　3

第1章　トランプ登場の背景

第2章 トランプは何と戦ったのか

第3章 バイデンの登場

第4章 アメリカは「冷たい内戦」に？

第5章 米中新冷戦か、「危機の20年」か

第6章

日本の難問――朝鮮半島情勢

第7章 「希望の同盟」の行方

第1章

トランプ登場の背景

「ファンタジーランド」のポピュリストたち

自己顕示欲が強く大衆扇情《せんじょう》的で攻撃的――トランプにかぎらず、いわゆるポピュリスト政治家は、アメリカ史に繰り返し登場してきた。国際政治学者のジョセフ・ナイによれば、「ポピュリズムは目新しいものではなく、カボチャのパイと同じアメリカにはおなじみのものだ」。

アメリカが世界の大国になった20世紀以降をふり返ってみよう。

例えば、「キングフィッシュ」こと、ヒューイ・ロングがそうである。彼はルイジアナ州知事から連邦上院議員に転じ、「誰もが王である」と大胆な富の再配分を唱えた。「キングフィッシュ」は1936年の大統領選挙で現職のフランクリン・D・ローズヴェルトに挑戦しようとしたが、その前年に州議会議事堂前で暗殺されてしまった。ロバート・ロッセン監督の映画『オール・ザ・キングスメン』（1949年）の主人公は、このロングをモデルにしている。

1950年代には、ジョセフ・マッカーシーが登場した。彼は全国的にはほとんど無名の連邦上院議員であったが、50年にある演説で「国務省に共産党員が潜入している」と攻撃したことを皮切りに、多くの人々に共産主義者のレッテルを貼って、社会的に抹殺していった。いわゆる「赤狩り」、「マッカーシーイズム」である。だが、53年に軍部までを敵に回したことから、マッカーシーは失脚し、ほどなくアルコールに溺《おぼ》れて命を落とした。

ハリウッドもマッカーシーの標的にされた。「赤狩り」をテーマにした映画は数多いが、とりわけジョージ・クルーニー監督『グッドナイト&グッドラック』（2005年）は有名であろう。マッカーシーの横暴と虚偽を暴露したのが、テレビ・キャスターのエド・マローで、人気番組『これに注目！』での彼の決め言葉が「グッドナイト&グッドラック」であった。

1960年代には、アラバマ州知事のジョージ・ウォーレスが「今日も人種隔離を！　明日もまた人種隔離を！　永遠

ヒューイ・ロング（Bridgeman Images/時事通信フォト）

に人種隔離を！」と豪語した。68年と72年、76年と、彼は3回も大統領選挙に立候補した。だが、72年の選挙の際にウォーレスは若者に銃撃され、それ以降は下半身不随となった。この暗殺未遂事件は、スタンリー・キューブリック監督『時計じかけのオレンジ』（71年）の暴力性に触発されたものであり、やがてはマーティン・スコセッシ監督『タクシードライバー』（76年）にエピソードとして回収されていく。

さらに、1992年と96年の大統領選挙では、テキサスの大富豪ロス・ペローがワシントン・アウトサイダーの立場を鮮明にして、緊縮財政、銃規制反対、保護貿易などを唱えた。とりわけ、92年の選挙では、彼の出馬で保守派の票が分裂し、現職のジョージ・H・ブッシュは再選を果たせなかった。漁夫の利を得たのが、ビル・クリントンである。

1992年には、共和党内の大統領予備選挙で、パット・ブキャナンも国際協調や自由貿易に反対して、現職のブッシュに挑んだ。その後も、96年、2000年の大統領選挙に出馬した。ブキャナンはリチャード・ニクソン大統領のスピーチ・ライターを務めた人物で、子供の頃にはマッカーシーを尊敬していたという。ジャーナリストのカート・アンダーセンによると、ブキャナンは「より頭がよく、より誠実で、イデオロギー的にも首尾一貫した、20

年前のトランプ」である。

そもそも、アメリカは極端な個人主義と宗教的な熱狂、それにショービジネスの融合した「ファンタジーランド」であると、そのアンダーセンは言う。ポピュリストが跋扈《ばっこ》するには、絶好の舞台なのである。そして、トランプこそ「生粋のファンタジーランド的存在、ファンタジーランドの権化」なのである。

古くは、ジョン・F・ケネディ大統領暗殺後の1964年に、著名な政治学者のリチャード・ホーフスタッターが、「アメリカ政治のパラノイド・スタイル」という論文を発表している。アメリカ社会の内外から「われわれ」を破壊しようとする「陰謀」が企てられていると、陰謀論は繰り返してきた。入植初期の魔女狩りから、先述の「赤狩り」、そして最近のQアノン（影の政府がアメリカを支配していると説く）まで、この系譜は連綿と続いている。ポピュリストにとっては、これも格好の鉱脈である。

とはいえ、上述のポピュリスト政治家たちや架空のケーンは、暗殺事件や落選など不幸な末路をたどった。しかし、ドナルド・トランプだけは大統領に当選し、4年間その地位にあったのである。

チャールズ・リンドバーグの孤立主義

一見して、トランプの政治的人格や政治手法は、歴代大統領のそれとは大幅に異なる。

アメリカ研究者の久保文明は、トランプの行動原理を「三つのI」と要約している。「衝動」(impulse)、「無知」(ignorance)、「直感」(intuition) である。つまり、大統領に必須な自制心と経験と一貫性が欠如している。トランプ政権を取材したジャーナリストの報告や側近の回顧録などからも、それらは確認できよう。

他方で、トランプの言動には、デジャブ(既視感)もつきまとった。

2016年の大統領選挙で、トランプは「アメリカを再び偉大に!」、「アメリカ・ファースト」を繰り返した。周知のように、前者は1980年の大統領選挙でロナルド・レーガンが用いたスローガンである。後者は、20年の大統領選挙でウォーレン・ハーディングが用い、第二次世界大戦時にはチャールズ・リンドバーグら孤立主義者が提唱したものである。

リンドバーグは1927年に大西洋単独無着陸飛行を実現した英雄だが、ナチス・ドイツの支持者でもあった。ユダヤ人作家フィリップ・ロスの『プロット・アゲンスト・アメリ

チャールズ・リンドバーグ（CTK/時事通信フォト）

カ』は、40年の大統領選挙でリンドバーグがローズヴェルトを破り、ユダヤ人への迫害が高まるという歴史改変小説で、トランプ時代にテレビ・ドラマ化されて人気を博した。トランプがツイッターを駆使するように、リンドバーグは飛行機を自ら操縦して全米各地を遊説する。

後述のように、トランプは大統領に就任すると、前任者バラク・オバマの政治的遺産（レガシー）を覆すべく、大統領令（連邦議会の承認を伴わない行政命令）を頻繁に用いた。また、トランプは信仰心とは無縁のようだが、臆面もなくキリスト教右派に迎合した。さらに、この「ファンタジーランドの権化」は、自己正当化と政敵批判のためなら、これも臆面もなく虚偽を事実として語った。

実は、ビル・クリントン以降の歴代大統領は、冷戦期のソ連の身代わりのように前任者を否定しがちであった。否定形の党派性（ネガティブ・パルチザンシップ）である。そのため、しばしば「クリントン以外なら何でも」、「ブッシュ以外なら何でも」と語られた。

同様に、「分割政府」（大統領の所属政党と連邦議会の多数派が異なる事態）下では、大統領令の多用も常態化していた。レーガンは381回、ジョージ・W・ブッシュは291回、クリントンは364回、オバマは276回で、トランプは212回であった。また、ジミー・カーター、レーガン、G・W・ブッシュらの大統領も、宗教勢力に大きく依存した。

さらに、「フェイク・ニュース」も今に始まったことではない。例えば、1960年の大統領選挙で、ジョン・F・ケネディは実在しない米ソの「ミサイル・ギャップ」を喧伝して危機感を煽った。これなどは今日で言うところの「フェイク・ニュース」である。ウォーターゲート事件でのニクソン政権の対応などは、ほとんど「フェイク・ニュース」から成っていた。

「不正選挙」にも既視感が

さて、2020年の大統領選挙で敗れると、トランプは「票が盗まれた」と根拠もなく言い募り、最後まで敗北を受け入れなかった。そのため、21年1月6日に、トランプ支持派が暴徒化して、連邦議会議事堂に乱入する事件まで起きてしまった。この事件で、警察官を含む5人が死亡した（うち一人は事件後に自殺）。その後、トランプはバイデンの大統領就任式を欠席し、史上初めて2度目の弾劾裁判にかけられた（無罪）。

これらにも既視感が伴う。1960年の大統領選挙で、ニクソンはわずか11万票差（全体の0・7%）でケネディに敗れた。生涯、ニクソンはこれを不正選挙と信じていたという（ただし、公式には敗北を受け入れた）。また、2001年9月11日の同時多発テロでは、海外のテロリストが政府機関（国防省）を攻撃したが、自国民が政府機関（連邦議会議事堂）を襲撃した1月6日事件は、その国内版とも言えた。さらに、古く1868年にアンドリュー・ジョンソン大統領が史上初めて弾劾裁判にかけられ（一票差で無罪）、翌年3月にユリシーズ・グラントの大統領就任式を欠席した。

ワシントン・アウトサイダー

先述のように、アメリカ史には幾度もポピュリスト政治家が登場してきた。彼らの多くは「ワシントン・アウトサイダー」でもあった。戦後の大統領の中でも、カーター、レーガン、クリントン、G・W・ブッシュはみな州知事経験者の「ワシントン・アウトサイダー」であり、それを強調してきた。オバマは連邦上院議員であったが、その在職期間は4年弱であり、ほとんど「ワシントン・アウトサイダー」と呼んでよかろう（そもそも文化的にアウトサイダー）。トランプもこの系譜に連なる。ただし、大統領就任以前にいかなる行政経験も軍歴も有していなかった点では、トランプは例外である。

ちなみに、ジョージ・H・ブッシュ以降、軍歴を有する大統領は一人もいない。同じ1946年生まれのクリントン、G・W・ブッシュ、トランプの三人が揃ってベトナムに従軍していない点は、シュールな共通点である。バイデンは彼らより4歳年上だが、喘息《ぜんそく》の持病を理由に徴兵猶予を5回繰り返して、やはりベトナムに従軍しなかった。

また、G・H・ブッシュ以降のすべての大統領は、大学か大学院のいずれか（または双方）

で、アイビーリーグ（ハーバードなど東部の有名私立大学8校）に学んでいる。不正入学との噂があるが、トランプもアイビーリーグの一つ、ペンシルヴァニア大学の卒業生であり、大衆煽動的であっても、学歴的にはエリート層に属する。バイデンがレーガン以来の例外となった。

さらに、歴代の多くの大統領が、新しく登場したメディアを政治的に活用してきた。世界大恐慌の最中に、F・D・ローズヴェルトは、ラジオを通じて「黄金の声」で国民に語りかけた。戦後も、ドワイト・アイゼンハワーやケネディ、レーガンらが、テレビを巧みに用いた。1953年のアイゼンハワー大統領の就任式、60年のケネディ対ニクソンの大統領候補討論会が、それぞれ史上初めてテレビで生中継された。アイゼンハワーは閣議をテレビ公開すらした。レーガンが映画俳優からテレビ司会者に転じたことは、よく知られる。

同様に、トランプもSNSを駆使してきた。彼はツイッターを「自分だけの新聞」、「私のメガホン」と呼んだ。ただし、マスメディアに比べて、ソーシャル・メディアはより真偽不明で感情的になりやすい。

テレビの普及とともに、政治家がタレント化し、また、有名人を政治利用する「セレブ政治」も拡大した。この点でも、トランプはケネディやレーガンの伝統の継承者である。だが、ケネディやレーガンがより映画的だったの対して、トランプはリアリティ番組で名を売り、そのイメージはプロレスの敵役（ヒール）に近い。実際、２０１３年に彼は世界レスリング・エンタテイメント殿堂入りを果たしている。

「変異株」としてのトランプ

あまたのポピュリスト政治家とは異なり、トランプは大統領の職に就いた。大統領として、彼の言動には特異なところが多かったが、こちらも実は歴代大統領の織り成す様々な系譜に連なっている。その意味で、トランプは大統領の「新種」ではなく「変異株」だったのである。「歴史は繰り返さないが、韻を踏む」――アメリカの小説家マーク・トウェインの言葉が想起されよう。

新型コロナ感染症が多大な被害をもたらす中で、「変異株」という比喩は不適当だと感じる向きもあるかもしれない。だが、自らの無垢（イノセンス）を前提にするアメリカ外交では、「隔離」や「封じ込め」といった疫学的メタファー（永井陽之助・国際政治学者）が繰り返して用いられてきた。

では、なぜ、そしていつ、この「変異株」が発生したのか。

「アイデンティティ・ポリティックス」

ここで、戦後アメリカ史を簡単にふり返りながら、トランプ登場につながる五つの要因を確認しておこう。

第一は、「アイデンティティ・ポリティックス」という国内的な要因である。これは文化的、社会的属性を軸にした政争という意味である。

アメリカ政治では、建国以来「連邦主義」（フェデラリスト）対「州権主義」という政治的対立、20世紀に入ると「大きな政府」と「小さな政府」という経済的対立が長らく続いてきた。F・D・ローズヴェルトのニューディール政策を継承する「大きな政府」は、リンドン・ジョンソン大統領の時代に頂点に達した。この間、アイゼンハワー政権（１９５３―61年）を除き、30年以上にわたって民主党の全盛期であった。

L・ジョンソン大統領は、「偉大な社会」計画の下で、貧困対策や生活環境の改善に取り組んだ。だが、彼はベトナム戦争も拡大してしまった。当然、保守派は軍事費以外では「小さな政府」を求め、規制緩和を強く志向した。結局、大統領は「大砲かバターか」（戦争か福祉か）のジレンマを解決できなかった。

さらに、ベトナム戦争は若者の政治不信や権威への反発を助長した。そのため、1960年代半ばから、若者による「対抗文化《カウンター・カルチャー》」が既成の秩序を揺るがした。同時に、人工中絶や銃規制、同性愛者の人権、学校での宗教行事などをめぐる対立が先鋭化していった。これらは価値観をめぐる「モラル・イシュー」であり、妥協がきわめて困難である。これら「モラル・イシュー」に刺激されて、60年代後半にはキリスト教福音派も政治的活動を積極化させていった。いわゆる宗教右派の台頭である。冷戦後に、「モラル・イシュー」をめぐる対立は、さらに「文化戦争」と呼ばれるほど激化する。

L・ジョンソン大統領は南部出身であったが、黒人への人種差別を禁じ、投票権を守るべく、1964年に公民権法、65年には投票権法の成立に尽力した。国内では、マーティン・L・キング牧師を中心にした公民権運動が高まっていたし、国際的にも、米ソ冷戦に勝ち抜くために黒人差別のイメージを払拭する必要があったのである。この時期は、南北戦争の終結から100年を経た「第二の再建期」と呼ばれる。

奴隷解放を推し進めた共和党への反発から、ながらく南部は民主党の牙城であったが、その南部民主党はきわめて保守的であった。彼らはL・ジョンソン大統領の「裏切り」に激怒し、やがてニクソンやレーガンという共和党大統領に傾斜していった。南部が民主党から離反して共和党に転じると、民主党は東西両海岸の都市部を中心にますますリベラルになり、共和党は広大な内陸部を中心に一層保守化した。こうして、イデオロギーによる分極化が進んだ。

また、1965年にはL・ジョンソン大統領は移民法の改正も手がけた。この改正によって、移民の国別割り当て制度が廃止された。そのため、ヨーロッパからの移民の占める割合が低下し、アジアや中南米からの移民の割合が急上昇した。

当然、アメリカ社会の人種構成も変化していった。かつては、白人のアングロサクソン系プロテスタント（WASP）が、アメリカ社会の主流をなしていた。1940年にはアメリカの人口の実に9割が白人（ラティーノを除く。注：ヒスパニックという表現だと、ポルトガルの旧植民地だったブラジル系を包摂しないという配慮から、最近はこの表現がよく用いられる）で、

60年にもほぼ同じであった。それが、80年には8割に低下した。さらに、2000年には7割、20年には6割と減少し続け、45年には過半数を割ると見られている。21世紀になって、共和党と民主党の正副大統領候補がすべてWASPであったことは、一度もない。

こうしたイデオロギーの分極化と社会の多様化が連動して、「モラル・イシュー」は「文化戦争」に発展し、より広範かつ熾烈に「アイデンティティ・ポリティックス」が嵩《こう》じてきた。オバマ大統領の登場が、この政争をさらに刺激したことは間違いない。

オバマには、マイノリティという一面とリベラルなエリートという一面がある。一方で、オバマの父親は元イスラム教徒のケニア人であり、オバマ自身も少年時代を母とともにインドネシアで過ごした。他方、オバマはコロンビア大学からハーバード・ロースクールに学んだ秀才であり、シカゴ大学でも教鞭をとっていた。

前者に関して、共和党の一部はオバマのアメリカ出生（大統領の資格要件）にすら疑義を呈した。トランプもその一人である。後者についても、民主党はかつて「大きな政府」を唱えて労働者の支持を集めていたが、今やマイノリティの利害を代弁し、高学歴層に支持されるようになっていた。オバマはその象徴である。対する共和党は「小さな政府」を志向する富裕層を基盤としたが、民主党を離反した労働者層の取り込みに熱心になっていた。

「ステイタス・ポリティックス」

第二に、「ステイタス・ポリティックス」という国内要因である。これまでの地位や生活を維持できなくなるという人々の不安や怒りが、政治を突き動かしている。

イギリスの歴史家エリック・ホブズボームによると、１９４５―73年は「短い20世紀」の「黄金の時代」であった。この間、米ソ両国は経済発展や科学技術、宇宙開発などを競い合った。だが、この「黄金の時代」は第一次石油危機とともに終わった。アメリカでは、ベトナム敗戦やウォーターゲート事件と、これに政治的な混乱が続く。

１９８０年代に入ると、アメリカ社会の貧富の格差も顕著になってきた。所得の不平等を示すジニ係数（1に近づくほど格差が増大）は、70年代には０・35前後を上下していたが、80年代に増加し始め、93年には０・45にまで上昇した。ジニ係数が０・４を超えると、社会不安が広がるとされている。

21世紀に入ると、経済学者のポール・クルーグマンが「第二の金ぴか時代」と呼ぶほど格差が拡大した。「金ぴか時代」に当たる1920年代の平均で、総所得に占める上位10％層の割合は43％、同じく1％層で17％であったように、2005年にはそれぞれ44％と17％であった。08年のリーマン・ショック後に、格差は一層拡大した。そのため、一方では左派から、「1％対99％」の格差是正を求めて、「ウォール街を占領せよ」運動が展開された。他方では保守派から、大企業救済のための公的資金投入に反対して、極端に「小さな政府」を求める「茶会」運動が起こった。後者は、イギリスからの課税に反発したボストン茶会事件に因《ちな》んでいる。

今や、総所得に占める割合は、上位10％層の47％、1％層の20％に対して、下位50％層は12％にすぎず、その格差はさらに拡がっている。特に、下層中産階級の没落は著しい。白人、キリスト教徒で男性の下層中産階級には、社会的、文化的にも経済的にも主流派としての地位を喪失したとの焦燥感が強い。トランプの言葉を借りれば、彼らこそ「忘れられた人々」である。この表現も、実はF・D・ローズヴェルトが用いたものであった。ところが、2016年大統領選挙でトランプと争った民主党のヒラリー・クリントンは、彼らを「嘆かわしい人々」と呼んで、逆に顰蹙《ひんしゅく》を買ってしまった。

「情報のニッチ化」

第三に、規制緩和によるメディアの多様化、「情報のニッチ化」である。

1987年に放送の公平性を担保する「公平原則」が廃止され、ケーブル局や衛星放送の普及と相まって、視聴者に迎合した党派性の強い報道番組が増大した。その後も、インターネットが普及し、SNSも拡大した。2004年にはフェイスブックが創設され、GAFAが出そろうことになった。自分好みの情報だけを日々吸収すれば、『日刊自分』（デイリー・ミー）ができ上がる。

歴史上、新聞やラジオ、テレビなど新しいメディアが登場すると権力との緊張関係が生じるが、試行錯誤を重ねて安定的な関係に落ち着いていった。ところが、近年は新たなメディアの登場サイクルが早くなり、権力との関係が常に流動的になっている。

1980年代以降、「アイデンティティ・ポリティックス」と「ステイタス・ポリティックス」が結合し、「情報のニッチ化」がこれらに拍車をかけた。白人男性中心の文化的・社会的・経済的構造の復活が、トランプ支持者の見果てぬ夢であり、「薔薇の蕾」である。しかも、彼らにとって、そうしたアメリカこそが「偉大」なのである。

孤立主義と衰退論

では、トランプ登場にどのような国際的要因が働いているのか。

まず、孤立主義である。

先述のホブズボームによれば、ソ連が崩壊した1991年に「短い20世紀」は終焉したのだが、その頃からグローバル化が急速に進展し、それへの反発も強まった。99年にシアトルで開催された世界貿易機関（WTO）閣僚会議では、5万人もの反グローバル化運動が展開され、その一部が暴徒化した。

リーマン・ショックによる世界不況は、ますます自国中心主義に拍車をかけた。また、グローバル化に伴う人の移動も、移民や難民に対する反発を世界の多くで引き起こした。さらに、先進国では中間層が経済的に弱体化した。88年から2008年の間に、先進国の富裕層と発展途上国の中間層の所得は顕著に伸びたが、先進国の中間層と途上国の貧困層ではほとんど変化がなかった。いわゆる「エレファント・カーブ」現象である。こうして、先進国の

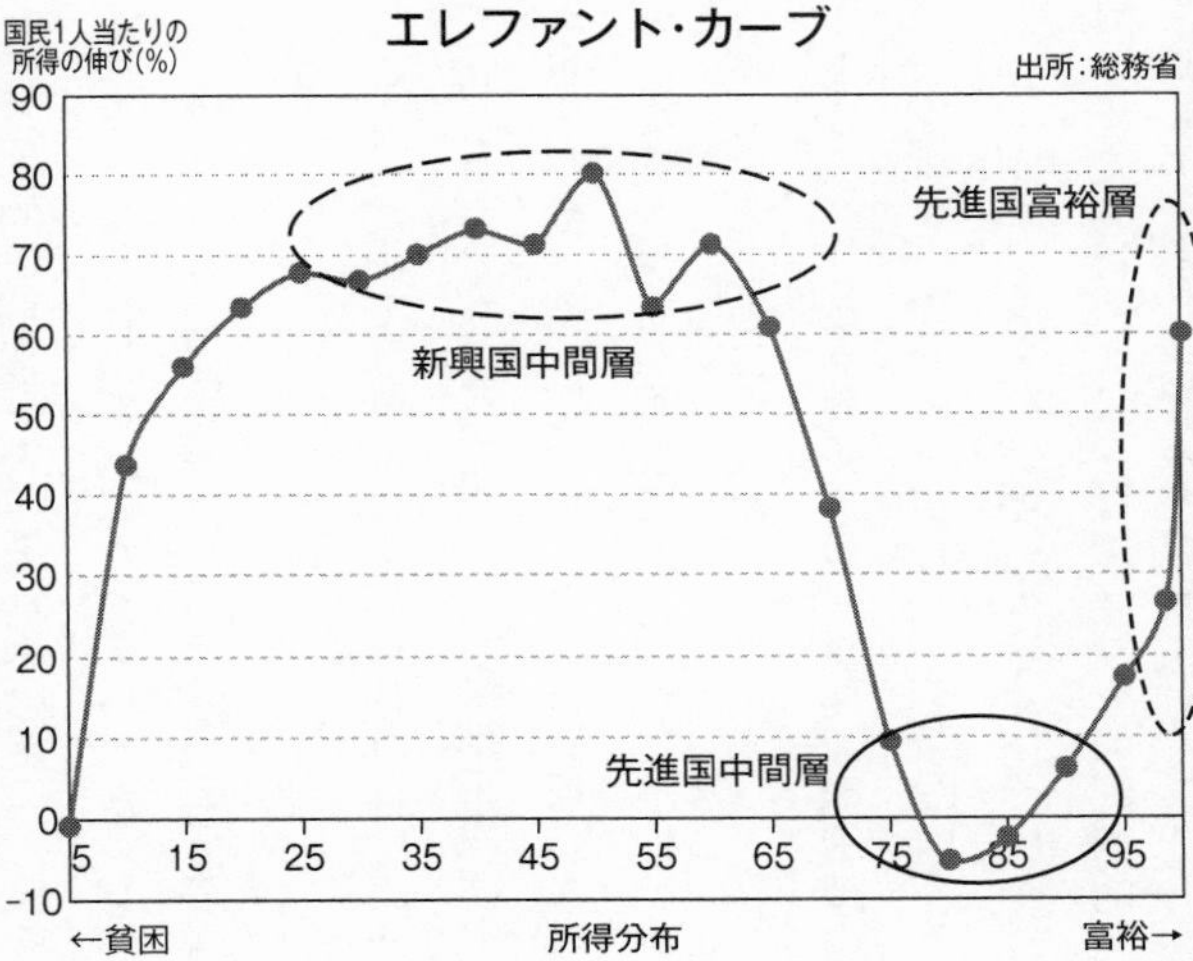

中間層の中に、グローバル化への被害者意識が広がっていった。

つまり、社会の多様化による「アイデンティティ・ポリティックス」と経済格差による「ステイタス・ポリティックス」が、グローバルにも連動していたのである。狭量《きょうりょう》と怨嗟《えんさ》からなるトランプの「薔薇の蕾」は、グローバルな「薔薇の蕾」でもありえる。その意味で、諸外国にトランプ的な「ストロングマン」の国家指導者が相次いで登場したことは、偶然ではない。

また、冷戦の終焉を受けて、一時的とはいえ、国際政治でアメリカの力の一極化が進行した。その結果、アメリカへの反発とアメリカの対外的な軍事介入、それへの反発という負の連鎖を生んだ。国際連合や多国間枠組みにも、アメリカは消極的になっていった。しばしば多国間枠組みはアメリカの優越を拘束するし、アメリカの保守派にとっては、国連をはじめとする国際機関は国際版の「大きな政府」であった。

こうした中で、2001年9月11日に同時多発テロが発生した。G・W・ブッシュ政権は「テロとの戦い」を主張して、単独主義的な傾向を強め、アフガニスタンとイラクで大規模な軍事行動に踏み切った。冷戦の終焉からわずか10年のことであった。束の間とはいえ、国内的な党派対立が後景に退いた。しかし、両国での戦争は長期化して、アメリカに多大な犠牲を強いることになった。

しかも、イラク戦争では、重要な開戦理由とされたイラクによる大量破壊兵器の備蓄はなく、開戦を主導した「新保守主義者」（ネオコン）のみならず、彼らに同調した外交エスタブリッシュメントの信頼も大きく傷ついた。ヒラリー・クリントンは、その好例である。エリートたちは、しばしばアメリカの国際的関与や責任を説いてきたが、結果として、そうした議論の正当性も損なわれた。

こうして、急速なグローバル化への反発と深刻な厭戦感情が結びついて、アメリカ世論は孤立主義に傾き、「アメリカ・ファースト」を受け入れる土壌が生まれた。外向的な単独主義（介入）が内向的な単独主義（孤立主義）に転じたのである。国内政治的に、オバマ大統領の登場がトランプ大統領の産婆役を果たしたように、国際政治的には、G・W・ブッシュ大統領による単独主義と戦争がトランプ大統領を導いたことになる。

最後に、衰退論という国際的要因が働いた。

21世紀に入ってから、中国が急速に台頭した。そのため、アメリカ一極支配論から、米中二極によるG2論や「パックス・シニカ」（中国による平和）、Gゼロ（無極）さえ論じられるようになった。

孤立主義と衰退論には重複もあるが、同じではない。例えば、1920年代のアメリカは孤立主義に傾いていたが、国内では繁栄を謳歌していた。逆に、70年代から80年代には、アメリカは軍事的にはソ連、経済的には日欧の追撃に直面し、しばしば衰退論が語られるようになった。しかし、ニクソンは米中ソの戦略的三角形を操り、レーガンは「強いアメリカ」を標榜して、孤立主義を回避したのである。

ところが、「テロとの戦い」への疲弊が募る中で、リーマン・ショックが起こり、アメリカは経済的にも大打撃を受けた。この間に中国は急速に力を蓄え、２０１０年には日本を抜いて世界第二の経済大国にのし上った。辛亥革命（１９１１年）からほぼ１００年である（日本が世界第二の経済大国になったのが68年で、やはり明治維新の１００年後であった）。中国はアメリカと同規模の国土面積（日本の約25倍）とアメリカの４倍近い人口（日本の11倍以上）を擁し、軍事と経済の双方でアメリカに挑戦している。そのため、これまで以上に深刻にアメリカの衰退が論じられるようなった。

しかも、中国の台頭のように国家間で水平にパワー・シフトしただけでなく、テクノロジーの発展によって、国家以外のアクターが様々な手段を駆使して、既存の国際秩序を揺るがしはじめた。テロリストがドローンで軍事施設を攻撃し、ハッカーが政府や大企業の情報をコンピューターから盗み出す――こうした事態を垂直のパワーシフトと、ジョセフ・ナイは説明している。水平と垂直双方の急速なパワーシフトに、アメリカは直面したのである。

ところが、オバマ大統領はリーマン・ショック後の経済対策に忙殺され、２０１３年には「アメリカはもはや世界の警察官ではない」、「アメリカにはすべての悪を正す手立てはない」

と語るに至った（もとより、アメリカが「世界の警察官」を宣言したこともないが）。しばしばオバマのレガシーを否定しようとしたトランプだが、彼の「アメリカ・ファースト」はG・W・ブッシュの単独主義とオバマの対外関与縮小路線をともに継承していた。

確かに、トランプは「アメリカを再び偉大に」と、レーガン流のナショナリズムも継承していた。だが、レーガンがベトナム戦争を肯定したのに対して、トランプはイラク戦争を否定した。トランプの中には、衰退への反発と孤立主義も混合していた。前者は国内の「ステイタス・ポリティックス」とノスタルジーや将来への不安を共有し、後者は国内の「アイデンティティ・ポリティックス」と自己中心主義を分かち合っていた。

かくてトランプ登場

トランプは過激な「変異株」ではあっても、「新種」ではなかった。「アイデンティティ・ポリティックス」、「ステイタス・ポリティックス」、「情報のニッチ化」、孤立主義、衰退論――この五つの国内的、国際的要因が絡み合って、この「変異株」はついに共和党を簒奪したのである。対する民主党でも、自称「社会主義者」のバーニー・サンダースが善戦したが、党内エスタブリッシュメントが踏みとどまって、ヒラリー・クリントンを初の女性大統領候補に選んだ。

2016年11月8日の大統領選挙で、トランプは306、ヒラリーは232の選挙人を獲得して、前者の勝利となった。ただし、一般投票ではヒラリーが300万人近く上回っていた。2000年選挙のG・W・ブッシュ同様、一般投票では敗れたマイノリティ・プレジデントの誕生であった（史上5回目）。

周知のように、アメリカの大統領選挙では、メイン州とネブラスカ州以外では「勝者総取り」方式であり、一般投票で1人でも多く獲得した候補者が、その州に配分された選挙人すべてを手にする。選挙人の総数は538人で、勝利へのマジック・ナンバーは270である。

大方の予想を覆してトランプが勝利したのは、フロリダ（選挙人29）、ペンシルヴァニア（同20）、オハイオ（18）、ミシガン（16）、ウィスコンシン（10）、アイオワ（6）という激戦州（スウィング・ステイト＝揺れ動く州という意味）で競り勝ったからである。12年選挙では、これら諸州で民主党が勝利していた。「アイデンティティ・ポリティックス」や「ステイタス・ポリティックス」に突き動かされた「隠れトランプ支持者」を、世論調査は十分に把握できていなかった。

以下の章では、トランプ大統領が何と戦ってきたのかを中心に、その4年間の治世を検証してみよう。

第2章

トランプは何と戦ったのか

①トランプ対ハリウッド

民主主義と映画は兄弟である

トランプは常に誰かと争ってきた。この「ファンタジーランドの権化」にとって、闘争は生きる糧《かて》なのであろう。

『市民ケーン』と『市民トランプ』の類似については、すでに指摘した。しかも、トランプ本人も多くの映画に出演してきた。そこで本章では、トランプとハリウッド、映画という観点から、アメリカの政治と社会の変化、日米関係について検討してみたい。民主主義と映画は、年の離れた兄弟だからである。どちらもイメージを操作し、大衆の支持を必要とし、ストーリーがなくてはならない。映画ほどアメリカ的な文化形態はない。

アメリカ政治と映画と言えば、まず想起されるのがレーガン大統領であろう。ハリウッドからホワイトハウスに至った、今のところ唯一の「銀幕の大統領」である。トランプとレーガンの類似性を語る声も少なくない。二人とも、その政治手腕を疑問視され、強い批判や嫌悪にさらされながら、メディアを巧みに活用してきた。

そもそも、「アメリカを再び偉大に！」というトランプのキャッチフレーズは、レーガンのそれを借用したものである。さらに言えば、レーガンは史上初の離婚歴のある大統領だったが、トランプはその記録を更新した（レーガンの離婚暦は1回、トランプは今のところ2回）。また、レーガンが就任時に69歳と史上最高齢の大統領だったが、ここでもトランプは70歳と記録を更新した（さらに、バイデンがこの記録を更新した）。また、二人とも共和党の大統領だが、かつて民主党員だったことがある（トランプは政党所属をたびたび変更してきた）。

ロナルド・レーガン大統領（GRANGER/時事通信フォト）

レーガン大統領との違い

もちろん、比較を通じて、何事にも共通点と相違点が指摘できる。要は重点の置き方である。だが、筆者は二人の間により大きな相違点を感じている。

まず、レーガンは政治家として過小評価されてきたが、大統領就任に先立って1967―73年にカリフォルニア州知事を2期8年務めている。当時、すでにカリフォルニアは全米最大の1900万人の人口を擁し、もし独立国なら経済規模では世界6位に位置していた。つまり、イタリアやスペインの経済規模を凌いだのである。同じ州知事経験者でも、ジョージア州知事を1期務めただけのジミー・カーターとは違った。もちろん、一切行政経験を持たないトランプとも大違いである。

また、レーガンは共産主義や「大きな政府」といった抽象概念を攻撃したし、政敵カーターの政策を厳しく批判した。だが、彼が特定の個人を攻撃することはほとんどなかった。「お前はクビだ!」とは、テレビのリアリティ番組でのトランプの決め科白《ぜりふ》だったが、レーガンは滅多に激昂することはなく、閣僚をはじめとする部下を解任することにも至って消極的だった。人々の憎しみを煽る政治スタイルでは、同じ共和党でもトランプはレーガンよりもニクソンにはるかに似ている。実際、ニクソンもトランプも弾劾の淵に立たされた。

さらに、レーガンを当選に導いたのは、カリフォルニアをはじめとするサンベルトであった。軍需産業やエンターテイメント産業、ハイテク企業で、この地域は活況を呈していた。マサチューセッツからイリノイにかけてのラストベルト（重工業中心の赤さび地帯）から、人口も経済もサンベルトに移行していた。他方、トランプを勝利に誘ったのは、このラストベルトで取り残された白人労働者層の焦りと怒りであった。これこそ、「ステイタス・ポリティックス」である。

レーガンは保守的なイデオローグと思われたが、大統領に当選すると、実務型のジェームズ・ベーカーを大統領首席補佐官に据えた。そのため、レーガンのホワイトハウスでは、実務派とイデオロギー派の「内戦」が続いた。前者が主導権を握れたのは、ナンシー・レーガン夫人の尽力によるところが大きい。彼女はイデオロギーではなく、夫の成功にしか関心がなかったからである。

トランプも共和党主流派のラインス・プリーバスを首席補佐官に、過激な保守派のスティーブン・バノンを首席戦略官に迎えたが、前者は半年、後者は1年で解任した。トランプ・ファミリーでは、ファースト・レディーのメラニアは政治にほとんど関与せず、長女のイヴァンカが上級顧問、その夫ジャレッド・クシュナーが大統領補佐官を務めたが、この夫婦はホワイトハウスでの「内戦」の調停役ではなく当事者を演じていた。

「元俳優」に最も冷淡だったハリウッド

ただ、本稿の関心からすると、レーガンとトランプには顕著な共通点がある。それは、ハリウッドの主流派を敵に回した点である。レーガンの大統領選挙では、フランク・シナトラやディーン・マーティン、ボブ・ドール、チャールトン・ヘストン、そして、ジェームズ・スチュアートら錚々《そうそう》たるセレブたちが応援に駆けつけた。

だが、ハリウッドの主流派、特に若手たちははるかにリベラルであり、かつて「赤狩り」に協力したレーガンを嫌っていた。だからこそ、彼の元にはせ参じたセレブたちは皆、旧世代に属する大物たちだったのである。レーガンの政敵たちは彼を「元俳優」と揶揄《やゆ》したが、この「元俳優」に最も冷淡な産業界は、他ならぬハリウッドであった。

トランプは不動産で財をなし、テレビで知名度を上げたが、映画とも縁が深い。例えば、ロバート・ゼメキス監督『バック・トゥ・ザ・フューチャー PART2』（1989年）で、タイムスリップのために歴史が歪み、荒廃した街を、ビフ・タネンという強欲な大富豪が支配している。これはトランプがモデルである。

さらに、この映画では、ビフの支援を受けて、ニクソンが1985年にも5期目の大統領を務めている。ベトナム戦争も続いている。80年代のトランプやニクソンへの否定的なイメージがうかがえよう。クリス・コロンバス監督『ホーム・アローン2』（1992年）に、トランプがカメオ出演していることも、今ではよく知られている。こちらはニューヨークの経済的成功のアイコンである。

2016年の大統領選挙でも、トランプを支持するハリウッドのセレブはいた。例えば、ジョン・ヴォイドやスティーブン・ボールドウィンがそうである。だが、より多くの、そして、より著名なハリウッド・セレブたちは、トランプに批判的であり続けた。

ウォルフガング・ピーターゼン監督『エアフォース・ワン』（1997年）に登場する大統領を好きだと、トランプが語ると、主演したハリソン・フォードは「彼が大統領（プレジデント）？　見習い（レジデント）かと思った」と皮肉った。

バラク・オバマを支持してきたリベラル派のジョージ・クルーニーも、トランプを「外国人嫌いのファシスト」と痛罵した。ロバート・デニーロに至っては、「あいつの顔を殴ってやりたい」とすら公言した。トランプの大統領当選後も、ゴールデングローブ賞の授賞式で、メリル・ストリープが彼を暗に批判すると、トランプは得意のツィッターで「ハリウッドで最も過大評価されている一人」と、彼女に反撃した。

「二つのアメリカ」

ハリウッドが政治に「介入」しようとするのは、今に始まったことではない。古くは、多くの映画人がF・D・ローズヴェルト大統領に期待し、ローズヴェルトを美化する映画を製作した。また、1964年には、スタンリー・キューブリック監督『博士の異常な愛情』とシドニー・ルメット監督『未知への飛行』が、ともに偶発核戦争の危険を描いている。共和党の大統領候補だったバリー・ゴールドウォーターが、米ソ核戦争も辞さないほどのタカ派と目されたからである。2004年にも、マイケル・ムーアが『華氏911』を監督して、ジョージ・W・ブッシュ大統領の再選を阻止しようとした。

オバマ時代のハリウッド映画からも、反トランプ的なメッセージを容易に読みとれよう。例えば、クエンティン・タランティーノがそうである。彼は2012年の大統領選挙の折にも、『ジャンゴ 繋がれざる者』を手がけていた。南北戦争の前に、自由黒人が早撃ちの達人になり、ミシシッピーのプランテーション農場で奴隷として酷使されている妻を救いに行く物語である。共和党保守派が議会で多数を占める中で、苦悩するオバマ大統領へのエールと映ろう。

そのタランティーノが、2015年には『ヘイトフル・エイト』を発表した。今度は、南北戦争後のワイオミングの山中が舞台である。ここで黒人の賞金稼ぎや南軍の元将軍、保安官と犯罪者ら、ワケありの8人が疑心暗鬼の中で一夜を過ごす。やがて、血で血を洗う殺し合いが展開するが、最後には黒人と白人との和解が示唆されている。しかも、黒人の賞金稼ぎは、エイブラハム・リンカーン大統領と文通していたそうで、（真偽のほどは明らかではないが）大統領からの手紙を持ち歩いている。白人のアメリカでも黒人のアメリカでもない、「一つのアメリカ」、「イエス、ウイ・キャン！」というオバマ流のメッセージである。

ウォルト・ディズニーによるリッチ・ムーア監督『ズートピア』（2016年）は、文明化した肉食動物と草食動物の共存する世界を描いている。主人公の少女はウサギ初の警察官になる。しかし、ズートピアにも様々な偏見が渦巻いており、主人公はそれに立ち向かう。これも「一つのアメリカ」、多様性の尊重、差別の克服というわかりやすいメッセージを発しており、特に、向上心旺盛な主人公は、女性初の大統領をめざしたヒラリー・クリントンを連想させる。

多様性という意味では、性的マイノリティ、それもゲイ以外をテーマにした映画が、数多く登場するようになった。トム・フーパー監督『リリーのすべて』(2015年)は、20世紀初頭に世界で初めて性転換手術(男性から女性)を受けて亡くなったリリー・エルベの物語である。若手の実力派エディ・レッドメインが主役を力演している。

トッド・ヘインズ監督『キャロル』(同)は、1950年代のニューヨークを舞台に、上流階級の人妻キャロルとその若い恋人テレーズの愛憎を描いている。主役のキャロルを、ケイト・ブランシェットがこれも堂々と演じている。冒頭で、レストラン地下の排水溝からカメラの視線が浮上してくる。当時の同性愛者が「クローゼット」(押入れ)と呼ばれたように、身を潜めていなければならなかった事情を、シンボリックに示していよう。

ジョージ・クルーニー製作・主演『マネーモンスター』(2016年)は、人気のテレビ番組「マネーモンスター」が舞台である。クルーニー演じる司会者は、ある企業の株を使った資金運用方法を紹介した。それを信じた若者は全財産を失い、拳銃をもってスタジオに乗り込み、司会者を人質にとって、無責任な情報操作を糾弾する。実は、その背後には、件の企業の違法行為が隠されていた。これなどは間違いなく、トランプの体現するマネーゲーム、彼を有名にしたリアリティ番組への痛烈な批判である。

選挙中に、トランプはメキシコとの国境に壁を築くと豪語し、人気を博した。ドゥニ・ヴィルヌーヴ監督『ボーダーライン』（2015年、原題はスペイン語で「殺し屋」）は、アリゾナとメキシコの国境線（ボーダーライン）をめぐる凄惨なドラマである。メキシコの麻薬密売組織を撲滅するため、連邦捜査局（FBI）と国防省が協力して、国境線を越えて麻薬王とその家族までを暗殺する。もちろん、違法行為である。こうなると、ボーダーラインを越えて危険を輸出しているのが誰なのか、わからなくなってくる。

米中で宇宙人と立ち向かう

マイケル・ムーアも、トランプ的なものに一矢を報いている。『マイケル・ムーアの世界侵略のススメ』（2015年）である。これをドキュメンタリーと呼べるかどうかは微妙だが、ムーアがヨーロッパ各国を歴訪し、そこでの教育制度や労使関係、女性の社会進出など、アメリカにない優れた制度を「侵略」して持ち帰ろうという話である。ちなみに、ムーアはバーニー・サンダースの熱心な支持者であった。

そして、ローランド・エメリッヒ監督『インデペンデンス・デイ：リサージェンス』（2016年）である。1996年の宇宙人の侵略から20年経ち、彼らが再びやって来た。しかも、はるかに大規模で。筆者は観る前から予想していたのだが、この映画の中のアメリカ合衆国大統領はエリザベス・ランフォードという白人女性である。彼女は有能で献身的なのだが、重大な判断ミスを重ね、宇宙人の侵略に対処できない。そして、国防長官らとともにシェルター内で宇宙人に殺害されてしまう。

そこで、20年前の英雄、トーマス・ホイットモア元大統領が再び命がけで宇宙人に戦いを挑む。女性大統領への期待と不安である。女性大統領の挫折のあとに20年前の大統領が登場するとすれば、ヒラリーを支えるのはビル・クリントンだとも解釈できよう。

また、前作で宇宙人のテレパシーを受けたため20年間昏睡状態にあった科学者と、その助手との間の同性愛関係が、今回は明示されている（エメリッヒ監督はゲイで、1969年にニューヨークで起こったゲイの抗議暴動を描いた『ストーンウォール』も手がけている）。さらに、今回は米軍と全面協力して宇宙人と立ち向かうのは中国なのである。そもそも、アメリカ映画にとって、中国はすでに巨大な市場であり資金源である。

このように、最近の多くのハリウッド映画が、反トランプ的なメッセージを発出している。否、こうした多様性の拡大とそれへの反発、つまり「アイデンティティ・ポリティックス」が、トランプ大統領を誕生させたのだから。トランプは政治的混乱の原因というより、その「アバター」と呼ばれている。

誇張される対米追随

残念ながら、ハリウッド映画は日米関係については多くを語ってくれない。いや、その沈黙こそが雄弁に何かを物語っているのであろう。そこで、日本の大ヒット作、庵野秀明《あんのひであき》総監督『シン・ゴジラ』（２０１６年）について一言しておこう。周知のように、この作品では、自然災害や原子力発電所の事故を象徴するゴジラに対処するに当たって、日本の政治的リーダーシップの欠如や官僚機構の弊害が詳細に描かれている。これまでのゴジラ作品にはない魅力である。

だが、だからこそ一層目立つのは、そのあまりにも皮相な日米関係の描写であった。日本の首相はアメリカ大統領に電話で唯々諾々とするばかりで、アメリカ政府は石原さとみ演じる日系の若い女性一人を大統領特使として東京に送り込み、あれこれと指図しようとする。つまり、日本政府の対米追随とアメリカの傲慢、身勝手が、これでもかというほど誇張されている。本多猪四郎《ほんだいしろう》監督『ゴジラ』（1954年）が一人のアメリカ人も登場させずに、アメリカによる原子爆弾投下や核実験を無言によって雄弁に批判したのとは、大きな懸隔《けんかく》がある。

トランプ政権下の日米関係でも対米追随との批判が繰り返されたが、日本政府の卑屈を嘆き、アメリカの傲慢、身勝手にため息をつくのではなく、われわれは何を求め、何をなすべきかという主体的な問いと取り組みが必要であることは間違いない。

さて、ハリウッドはこれまで多くの大統領を揶揄してきたが、トランプ大統領の在任中には、彼をモデルにした映画をほとんど作らなかった。筆者の知るかぎり、ジョナサン・レヴィン監督『ロング・ショット』（2019年）が例外で、ボブ・オデンカーク演じる大統領が、再選ではなく芸能界入りをめざしている。政界と芸能界の往復という意味で、レーガンやトランプを連想させるし、トランプには一期で終わってほしいとのメッセージでもあろう。とはいえ、ホワイトハウスでのトランプは、スクリーンの中のいかなる大統領よりもエンターテイメント性に富んでいた。ハリウッドにとっても、トランプは依然として手ごわい敵なのである。

②トランプ対マイノリティ

「分断国」はオバマとトランプの「合作」

２０１７年９月19日に、そのトランプ大統領が国連外交のデビューを飾った。国連総会での彼の演説は、G・W・ブッシュ大統領の「悪の枢軸」演説を想起させたが、もはやイラクはその対象外であった。トランプ大統領はここでも「アメリカ・ファースト」を語り、国連改革を促した。そして、北朝鮮がアメリカやその同盟国を脅かすなら、「完全な破壊」が待っていると豪語した。しかも、大統領は「善良な13歳の日本の少女」、つまり、横田めぐみさんに言及して、北朝鮮による拉致を非難した。

ここから、三つの事が指摘できよう。まず、北朝鮮による核・ミサイル開発がアメリカにとっても許容限度に達しつつあったことである。第二に、国連に象徴される多国間外交や国際機関の非効率への批判である。これは保守派に広く共有されている。そして第三に、「忘れられた人々」への共感というトランプ大統領の政治手法である。

今回トランプ大統領は横田さんに触れたが、2016年の選挙では中西部を中心とした「忘れられた人々」、「置き去りにされた人々」を味方に付けたのである。

多くの日本人にとって、暴言を繰り返すトランプ大統領を一定の有権者が支持してきたことが、奇異に感じられたかもしれない。だが、アメリカ合衆国大統領が国連総会の場であらためて日本人拉致被害者に言及したことには、ある種の感動を覚えた向きもあろう。この感動と同種のものを、トランプ支持者は抱いてきたのであろう。そして、彼らは、共和党か民主党かを問わず、エリートたちに「忘れられた人々」であった。トランプは彼らの怒りを過激に代弁してきた。これぞ「ステイタス・ポリティックス」である。

ふり返れば、オバマは史上初の黒人大統領として、「忘れられた人々」を代表していたし、同性婚の容認など性的マイノリティの人権拡大にも道を拓いた。いわば、オバマはリベラルの側でマイノリティの自己主張という「パンドラの箱」を開けた。これに刺激された保守の側で、トランプは低所得の白人男性層を中心に、別の「忘れられた人々」の「パンドラの箱」を開けたのである。

いまやアメリカは「合衆国（the United States）」ではなく、「分断国（the Divided States）」だとか「解体国（the Untied States）」だなどと呼ばれる。これは左右からのオバマとトランプの「合作」なのである。また、北朝鮮に対するトランプ大統領の強硬な姿勢も、多分にオバマ前政権の「戦略的忍耐」に対する反発であった。つまり、反オバマという意味で、トランプ大統領の内政と外交は多分に一貫していた。

多様化に逆行する言動の数々

以下では、トランプ大統領とマイノリティの関係について論じ、日本にとっての課題を考えてみたい。

まず、アメリカ社会におけるマイノリティをめぐる現状を整理しておこう。２０１０年の国勢調査によると（アメリカでは国勢調査は10年に1度）、全人口に占める白人の割合は63％、ラティーノが16％、黒人が13％である。すでにラティーノは黒人を超えた最大のマイノリティ集団であった。

２０２０年の国勢調査では、白人が60％、ラティーノが18％に変化し、黒人は13％のままであった。

これが２０６０年になると、白人は44％とマイノリティ・マジョリティ（過半数を割ったマジョリティ）に転落し、ラティーノは25％になるという。つまり、アメリカ人の４人に１人がラティーノになるのである（少し前までは30％近くという予想もあった）。

また、イスラム教徒の数は３３０万人で全人口の０・９％に当たる。これも２０５０年には倍増すると見られている。イスラム教徒の人口増は世界的な現象で、２０５０年にはキリスト教人口を抜くという推計もある。

次に、性的マイノリティである。最近では、日本でもＬＧＢＴという略称がかなり定着してきた。レズビアン、ゲイ、バイセクシュアル、そして、トランスジェンダー（身体の性と心の性が一致しない人々）の略である。だが、この種の分類を始めれば、必ずそれに収まりきらない人たちが出てくる。そこで、アメリカではさらにＬＧＢＴＱと、Ｑを加えることがある。その他の性的マイノリティを包摂するクエスチョニング（いずれかわからない）という分類である。

２０１０年の国勢調査では、自らをＬＧＢＴＱのいずれかと認めた成人は３・５％であった。20年には、これがさらに４・５％になっていた。未成年を含め、「クローゼット」も含めると、実態は優に５％を超えよう。これは先進国の平均的な数字である（日本のＬＧＢＴＱは人口の７・６％に達するという民間の調査すらある）。

２０１５年の最高裁判所判決では全米50州すべてで同性婚が合憲になったし、16年には国連人権理事会で「性的指向と性自認を理由とする暴力と差別からの保護」決議が可決されている。ＬＧＢＴの活動は勢いづいている。

このようにエスニシティ、宗教、ジェンダー・セクシュアリティでマイノリティが台頭し、多様化が進む中で、トランプ大統領はそれに逆行し、ＰＣ（政治的コレクトネス、政治的に適切な表現）に反する言動を繰り返すことで、一部の根強い支持を開拓し維持してきたのである。これぞ、まさに「アイデンティティ・ポリティックス」の真髄である。

周知のように、トランプは2016年の選挙期間中にメキシコとの国境に壁を建造することを提唱し、それに固執してきた。大統領就任直後には、中東7カ国（のちに6カ国）からの入国者へのビザ発給延期の大統領令を発し、8月には、子供の頃に親に伴われてきた不法入国者の国外退去を遅らせ救済する措置（DACAと略称される）を、6カ月の猶予期間ののちに撤廃すると表明した。この対象者は80万人に上った。

これが実現すれば、彼らの廉価《れんか》な労働力に頼る一部の州の経済には大きな打撃になったろうが、トランプ大統領はそれがアメリカ人の雇用創出につながると主張してきた（20年には、連邦最高裁判所がDACA撤廃を「専断的で根拠を欠く行為」と認定した）。

同じく2017年8月には、ヴァージニア州シャーロッツヴィルで、白人至上主義の極右団体とこれに抗議する団体が衝突し、後者から死者やけが人が出た際に、トランプ大統領は「衝突にはどちらにも責任がある」と発言して、世論や議会共和党からも強い反発を招いた。

やはり同月に、マティス国防長官は、米軍へのトランスジェンダーの新規入隊を半年間行なわないと発表した。トランプ大統領は、トランスジェンダーの入隊によって、多額の医療コストが掛かると問題視してきた。アメリカの有力シンクタンクであるランド研究所によると、米軍１３０万人のうちトランスジェンダーの数は１３２０～６６３０人ほどで、彼らに要する医療コストはせいぜい２４０万ドルから８４０万ドルだという。他方、トランスジェンダーは技術系など専門性の高い部門に多く、彼らが米軍から排除されると、大きなダメージになるという意見もあった。

マイノリティの優遇に辟易したアメリカ人

だからといって、トランプ大統領が極端な人種差別主義者、性差別主義者というわけでもない。彼は２０１６年の大統領選挙期間中にはＬＧＢＴＱへの理解を表明したし、シャーロッツヴィルでの件の事件についても一応は人種差別主義を強く非難してはいる。

トランプにとって、主義よりも政治的な効用がはるかに重要であろう。そして、彼の主義主張と政治的効用の接点が、反オバマという姿勢なのである。ＤＡＣＡもトランスジェンダーの軍への入隊も、オバマ前大統領が決めたことである。しかも、不法移民が引き起こした犯罪の被害者やその家族、また、ＰＣやＬＧＢＴＱの権利拡張に辟易《へきえき》としている人々への共感を示すことが、確実な支持につながるというしたたかな政治的読みがあった。

例えば、2015年のハロウィン（10月31日に行なわれる古代ケルトを起源とする祭り）に際して、アイビーリーグの名門イェール大学では、こんな騒動があった。一部の仮装が特定のエスニック集団を差別するものではないかとの学生の問い合わせに、表現の自由としてある程度は許容されるべきだと答えた教授夫妻（夫は学部長）が、同僚や学生たちからの猛烈な抗議にさらされたのである。左傾化した教授や学生が自分たちの「正義」だけを他者に押し付ける姿勢を、別の黒人社会学者は「教育ドグマ」と呼んで批判している。

「公言する内容を十分に理解していない場合、われわれは熱狂と不寛容をもって、それを語る。不寛容は、触れる価値のないものに貼り付けられた『触るな』という表示のようなものである。われわれは髪が乱れていても気にしないが、ハゲを隠すカツラのことは知られたくないのである」とは、沖仲仕《おきなかし》の哲学者として知られたエリック・ホッファーの箴言《しんげん》である。彼は1960年代の過激な学生運動を鋭く批判していた。

また、トイレ法論争も有名である。ノースカロライナ州の最大都市シャーロット市が、公共施設でトランスジェンダーがトイレを使用する際に、どの性別のトイレを使用するかは本人の選択に任せるという条例を定めた（同様の条例を持つ市は少なくない。例えば、ワシントトン州シアトル市がそうである)。すると、保守的なノースカロライナ州議会がトイレ法を定め、上記のような場合には、出生証明書記載の性別に応じて使用すべしとしたのである。当然、市の条例は無効になった。

ところが、これには全米で反対運動が起こり、とりわけ、全米大学体育協会（NCAA）がトイレ法のあるかぎりノースカロライナ州でスポーツイベントは行なわないと表明した。これは州経済に大打撃となる。そのため、ノースカロライナ州はトイレ法を撤廃する仕儀となった。

マイノリティを差別するつもりはなくても、ここまではついていけないと感じるアメリカ人も少なくあるまい。

議会共和党は大統領を見捨てない

先述のように、シャーロッツヴィル事件をめぐるトランプ大統領の発言は、議会共和党内にも反発を引き起こした。また、予算の上限問題では、大統領は民主党と手を組むという奇策に出た。ポール・ライアン下院議長（共和党）の面目は丸つぶれであった。それでも、議会共和党は大統領に追随せざるをえなかった。

その大きな理由の一つとして、最高裁判所判事の人事があった。同判事の定員は9人で、終身制である。トランプ大統領はその空席ポストに保守派のニール・ゴーサッチを指名し、4月に上院で承認された。こうして、最高裁で保守派とリベラル派がほぼ拮抗した。

同様に、連邦準備制度理事会（FRB）の定員は7人で、任期は14年である。この人事も大統領による指名と上院の同意に基づく。2017年に1人、18年に2人と、トランプ大統領は理事を指名していった。こうした主要人事をたどると、議会共和党はトランプ大統領を見捨てることなどはできず、大統領が早晩弾劾されるなどといった見方は、まったくの「希望的観測」であった。

このように、トランプ大統領とマイノリティの対立が先鋭化する様子は、多くの批判を招きながら彼の支持層には歓迎され、議会共和党も大統領の暴走を止めにくい状況にあった。つまり、大統領支持率が低いといってみても、トランプには致命的なことではなかったのである。既成メディアの多くは大統領批判に忙しく、トランプ憎しのあまり客観性を失っている感すらあった。しかも、トランプ支持派は、そうしたメディアに影響を受けない。

さらに、野党である民主党が党勢をなかなか回復できなかった。ヒラリー・クリントン前国務長官とサンダース上院議員の対立、つまり、党内主流派と左派の対立が尾を引き、トランプ政権発足後の国政レベルの補欠選挙で、民主党は連敗を喫した。大手メディアが感情的に政権批判を繰り返し、野党が弱体のままという構図は、日本の政治状況と実によく似ていた。

「正義」を振りかざした言論抑圧

さて、その日本にとっての課題である。

まず、トランプ的な言動に過剰反応するよりも、その背景にあるアメリカ社会の変化を丹念に考察することである。特に、日本では、エスニシティや宗教、ジェンダー・セクシュアリティに関する認識や感受性が弱いように思われる。また、トランプ大統領当選につながった中西部の変化に注目するのも大事だが、やはりカリフォルニアやテキサス、ニューヨーク、フロリダといった人口の多い諸州の変化に恒常的に注目すべきであろう。不法移民に寛大な「聖域都市」はもとより、パリ協定離脱に反対する諸州や諸都市など、トランプ政権下では、地方の動きがいっそう重要になっていった。

「この憲法が合衆国に委任していない権限または州に対して禁止していない権限は、各々の州または国民に留保される」と、合衆国憲法修正10条は規定している。アメリカは地方分権ではなく「中央分権」だと、阿川尚之は指摘している。憲法を起草者や批准者の意図に照らして厳密に解釈するという、保守的な原意主義が、トランプ大統領の暴走にも向けられたのである。

次に、われわれ自身がどれだけ多様性を尊重し、マイノリティの人権に配慮しているのかが問われよう。イギリスの高級週刊誌『エコノミスト』によると、言論の自由に対する抑圧は、現在では三種類である。政府による抑圧、テロリストやマフィアなど非政府組織による抑圧、そして「正義」を振りかざした異なる言論への抑圧である。

2015年の平和・安保法制をめぐる議論を思い起こしてほしい。憲法学者の多数意見と異なれば、立憲主義に反する、専門知の軽視だ、と糾弾された。だが、日本の憲法学者の通説の多くは、最高裁で受け入れられてはいない。そして、日本国憲法によれば、違憲立法審査権を有するのは、独り最高裁のみである。

しかも、平和安保法制を解釈改憲と批判した「リベラル」派の一部が、憲法24条の婚姻規定を改めずとも同性婚は可能と説いている。ダブル・スタンダードにも程があろう。

自分たちと異なる意見は民主主義の敵といった態度は、実は日本のトランプを生む土壌なのである。

③トランプ対バランス・オブ・パワー

衝撃のネガティブ・キャンペーン

1964年のアメリカ大統領選挙で、高校生のヒラリー・クリントンは熱心に共和党のゴールドウォーター候補を応援していた。いわゆる「ゴールドウォーター・ガール」である。

ゴールドウォーターは、「クレムリンのトイレに核ミサイルを一発お見舞いすべきだ」と豪語するほどのタカ派として知られた。そこで、現職のL・ジョンソン大統領の陣営は、衝撃的なテレビ広告を打った。

かわいい少女が野原でヒナギクの花占いをしている。ところが、それが突然カウントダウンに変わり、恐ろしいキノコ雲が現れる。「ジョンソンに投票を！」――ゴールドウォーターならソ連との核戦争を起こしかねないというネガティブ・キャンペーンであった。

あまりに衝撃的であったため、この広告は一度しか放映されなかった。それでも、ゴールドウォーターはジョンソンに大敗し、共和党内でも保守派は勢いを失っていく。彼らが期待をかけ、のちにカリフォルニア州知事に擁立するのが、事実上失業中だった元映画俳優ロナルド・レーガンである。ゴールドウォーターの応援演説で、レーガンは候補者本人よりも注目を集めていた。

それから10年後の1974年、共和党きってのリアリスト、ニクソン大統領は、ウォーターゲート事件で弾劾寸前に追いつめられ、2期目の半ばで自ら辞任した。アメリカ史上、今のところ、辞任した唯一の大統領である。この時は、ヒラリーは弁護士として、下院司法委員会で大統領弾劾の調査に当たっていた。もちろん、すでに民主党に転じていた。

歴史のめぐり合わせであろう。2016年の大統領選挙で予期に反してヒラリーを下したドナルド・トランプ大統領、そう、ゴールドウォーター並みに過激な発言を繰り返すトランプ大統領が、突如としてジェームズ・コミー連邦捜査局（FBI）長官を解任して、ウォーターゲート事件に匹敵しかねないスキャンダルの淵に立った。ロシアが大統領選挙に影響を及ぼした疑惑を、ＦＢＩは捜査中であった。こちらは、ロシアゲート事件である。

任期10年のＦＢＩ長官が途中で解任されたのは、歴史上二度目のことである。１９９３年にＦＢＩ内部で不祥事が連発し、ビル・クリントン大統領が時のウィリアム・セッションズ長官を解任したことがある。今回の突然のコミー解任劇には不信や反発が強く、司法省はロバート・ミュラー元ＦＢＩ長官を特別検察官に任命した。直前まで、この任命はホワイトハウスにも知らされていなかったという。議会でも、共和党のリチャード・バー上院議員と民主党のマーク・ウォーナー上院議員を中心に、超党派で真相解明の動きが強まった。

ウォーターゲート事件でも、１９７３年10月20日土曜日の夜に、ニクソン大統領がアーチボルド・コックス特別検察官を突如解任し、さらには、エリオット・リチャードソン司法長官とウィリアム・ラッケルズハウス司法副長官を辞任に追い込んだことから、「土曜日の夜の虐殺」と呼ばれ、世の顰蹙を買った。また、ウォーターゲート事件で、『ワシントン・ポスト』紙のボブ・ウッドワード記者に政権内部の極秘情報を流していた通称「ディープ・スロート」は、実は当時のＦＢＩ副長官マーク・フェルトであった。ロシアゲート事件にも

「ディープ・スロート」がいたのであろうか。

三つのレベルのバランス・オブ・パワー

2017年1月20日のトランプ政権発足から、「ハネムーン期間」と呼ばれる最初の100日を過ぎた頃には、この政権の抱える課題や問題点がかなり鮮明になってきた。端的に言って、それはアメリカ国内外で三つのレベルのバランス・オブ・パワーに対応することだったのである。

まず、上述のロシアゲート事件でも明らかなように、トランプ大統領はアメリカ政治に内蔵された三権分立というバランス・オバ・パワーに対処しなければならなかった。そもそも、三権分立はヨーロッパ国際政治からのアナロジーである。

周知のように、アメリカ合衆国憲法の第1条は議会に関する規定であり、大統領についてのそれは第2条である。つまり、「建国の父祖たち」は議会こそをアメリカ政治の中心と見なしていた。19世紀になっても、南北戦争時のエイブラハム・リンカーンを除けば、歴代大統領たちは総じて無名であろう。大統領に強いリーダーシップが期待されるようになったのは、20世紀に入ってからである。

現実の追認だった大統領令

かつて南北戦争中にリンカーンは奴隷解放宣言を発し、アメリカが第二次世界大戦に参戦すると、F・D・ローズヴェルトは市民権を持つ日系アメリカ人12万人を強制収容所に収監した。いずれも大統領令である。大統領就任早々に、トランプも矢継ぎ早に大統領令を発した。環太平洋戦略的経済連携協定（TPP）からの「永久離脱」は容易であった。そもそも、民主党のヒラリー・クリントン候補ですら、TPPには反対を表明していた。しかも、共和党が多数を占める議会は、この協定を認めないと意思表示していたのである。ある意味で、トランプの大統領令は現実の追認にすぎなかった。

大統領選挙中から、トランプは不法移民を防ぐべく、メキシコとの国境に壁を建設すると主張してきた。しかも、その費用はメキシコ負担で。全長724キロの「グレート・トランプ・ウォール」の総工費は、実に216億ドルに達するという。もちろん、メキシコに負担の意思はなく、米議会でも反発が強く、トランプ大統領は予算教書に当面の16億ドルの建設費用を盛り込むことすら断念した。18年にも、10年間で180億ドルという壁建設の予算を、議会は拒否した。

すると、19年にトランプ大統領は国家非常事態宣言を発して、国防予算のうちから36億ドルを壁建設の費用に充当したのである。1987年6月に、レーガン大統領がベルリンの壁を前に、「ゴルバチョフ書記長、この門を開いてください！　この壁を壊してください！」と呼びかけたのとは、まさに隔世の感がある。

だが、むしろ世界の趨勢はトランプに近かった。アメリカとメキシコの間だけではない。アイルランド、インドとパキスタン、カシミール、朝鮮半島、イスラエルとパレスチナ、そして中国での電子情報の遮断と、至る所で壁は人を分断している。

中間選挙を乗り切るつもりだった

また、いわゆるトランポノミクスでも、一方で、法人税を35％から15％に削減し、個人の所得税も大幅に引き下げながら、他方で、10年間に1兆ドルの公共事業投資を行なうと主張した。しかも、金融規制や環境規制は緩和し、国防費は増額するのだから、これで株価が上昇しないほうがおかしかろう。しかし、その先に待っているのは、財政赤字の拡大であり、続く貿易赤字の拡大である。２０１７年末に、トランプ減税は一律21％に落ち着いた。

おそらく、トランプ大統領はまずは大幅減税を実現させて景気を刺激し、２０１８年11月の中間選挙を乗り切るつもりであったろう。トランプ政権発足時には、上院で共和党52議席、民主党46議席、無所属２議席、下院では共和党２４０議席、民主党１９３議席、欠員２議席であった。上下両院で共和党が多数を占めるとはいえ、決して大差ではない。大統領１期目の中間選挙では、通常は与党が議席を減らす。ロシアゲート事件の捜査の進展次第では、中間選挙で共和党が大敗する可能性もあった。そうなれば、たとえ大統領弾劾を回避できても、政権運営は困難になる。

上院は35議席が改選で、非改選と合わせて共和党が51議席と多数を維持した。他方、下院では民主党が２３３議席を獲得して８年ぶりに多数を制した。

司法の保守派と政治の保守派は同義ではない

先述のとおり、司法に関しては、トランプ政権発足から程ない２０１７年４月に、上院が激論の末にゴーサッチを最高裁判所判事に承認した。16年2月に急死したアントン・スカリア判事の後任である。最高裁判事の人事には、上院の承認が必要である。上院共和党は、オバマ政権での最高裁人事を拒絶してきた。オバマ大統領の退任まで1年足らずしかない、というのが理由であった。

9人の最高裁判事の中には、クリントン大統領時代に任命されたリベラル派、ユダヤ系のルース・ギンズバーグ判事やスティーブン・ブライヤー判事が残っていた。２０１７年段階で、前者は84歳、後者も78歳と高齢であったが、最高裁判事は終身職であり、彼らはトランプ政権（の少なくとも1期目）の間に辞任しないよう、踏みとどまる覚悟であった。辞任または死亡すれば、保守系の判事に後任を埋められるからである。

ただし、保守派の判事が常にトランプ大統領の意に沿う判決を下すわけでもないところが、司法の独立である。司法の世界での保守派とは、憲法や法律を起草者や立法者の本来の意図にできるだけ忠実に解釈する立場であり、政治的な保守派と同義ではない。

ギンズバーグらの努力にもかかわらず、２０１８年6月に、81歳のアンソニー・ケネディ判事が辞意を表明した。ケネディは１９８８年にレーガン大統領に指名された判事で、保守派とリベラル派の中間に位置していた。そこで、トランプ大統領はケネディの後任に、保守派のブレッド・カバノー連邦控訴裁判所判事を指名した。大統領や議会は数年毎に改選されるが、上述のように最高裁判事は終身制である。最高裁の構成は向こう数十年の司法の動向を左右しうる。中間選挙で共和党が上院の多数を死守しようとした背景には、この最高裁人事が絡んでいた。結果として、カバノー人事は賛成50、反対48の僅差で承認された。

ちなみに、2020年9月にギンズバーグ判事は87歳で亡くなったが、11月の大統領選挙の勝者に後任を指名してほしいと遺言していた。ところが、トランプ大統領は早々に保守派のエイミー・バレット女史を指名し、10月に上院で再び52対48の僅差で承認された。上院共和党は、オバマの時には在任が1年だからと人事に反対し、トランプだと残り3カ月でも賛成したわけである。実は、オバマ大統領がリベラル派を後任として指名できるよう、ギンズバーグに早期引退を勧める声もあった。今やブライヤー判事が83歳になり、同様の「戦略的引退」説が浮上している。だが、この「戦略的引退論」も、最高裁に政治的駆け引きを持ち込むものである。

「炉辺談話」もプロパガンダ

三権分立以外にも、トランプ大統領と「第四の権力」と呼ばれるメディアとの確執も続いていた。トランプは連日ツイッターを発し、既存のメディアを軽視して、自分に批判的なニュースを「ファイク・ニュース」と呼んで憚《はばか》らなかった。

メディアと権力の関係は、常に緊張しているし、そうあるべきである。とりわけ、新しいメディアと権力との関係はむずかしい。18世紀には新聞が、19世紀にはラジオが、そして、20世紀にはテレビが登場した。権力は最初新しいメディアを過小評価し、次いで過大評価し、やがて緊張をはらみながらも安定的な関係を見出していく。

例えば、1930年代にF・D・ローズヴェルト大統領がラジオから国民に政策を語った「炉辺談話《ろへんだんわ》」（ファイアー・ストーン・チャット）は有名だが、19世紀に教育を受けた当時のエリート層からすれば、これなど一種のプロパガンダにすぎなかった。最近の問題は、新しいメディアが登場するインターバルが極端に短くなっていることであり、そのため、メディアと権力との関係が常に不安定なことである。その意味で、トランプとメディアとの対立は、古くからの現象の繰り返しであるが、それが加速化したことの産物なのである。そこに、1980年代以降の「情報のニッチ化」が働いて、人々の政治的分極化、『日刊自分』を助長している。

選挙と統治は異なる

次いで、アメリカ社会の諸勢力の変化という新たなバランス・オブ・パワーに、トランプ大統領は対応していた。大統領選挙のたびに、全米3番目の人口を擁するフロリダ州の動向が注目される。2000年の選挙では、まさにここでの集票作業が最高裁まで持ち込まれた。フロリダの有権者の2割はラティーノである。すでにラティーノは全米の人口の17％を占め、今後ますます増加していく。他方、先述のように白人は現在の6割から2045年頃には過半数を割ると見られている。とりわけ、大卒でない白人男性の間では、自殺率が伸びているという。また、日系アメリカ人は100万人程度だが、韓国系アメリカ人はその倍に達する。アメリカ在住のイスラム教徒も、現在は人口の1％強だが、今世紀半ばには倍増すると予測されている。

こうした人種構成や宗教構成の変化に加えて、LGBTQの政治的・経済的な台頭も著しい。トランスジェンダーの公共施設でのトイレ使用をめぐって、ノースカロライナでは州都シャーロット市の条例と州の定めたトイレ法が対立し、さらに、オバマ時代の連邦政府がこのトイレ法を違憲として訴えるという、三つ巴《どもえ》の争いさえ展開された。前述のように、最終的にはNCAAの圧力にノースカロライナ州が屈した。2018年の中間選挙でも、民主党からは女性やLGBTQの候補者が大幅に増えて、躍進した。

トランプは中西部から大西洋岸中部にわたる工業地帯「ラストベルト」で、低学歴・低所得層の白人男性の怒りや焦りに火をつけて、大統領選挙に勝利を収めた。「ステイタス・ポリティックス」である。しかし、選挙と統治は異なる。アメリカという多様で巨大な国を治めるには、特定の地域や特定の社会勢力だけでなく、ダイナミックに変容する様々な社会勢力に対応しなければならない。これは野党・民主党にも求められる課題である。とりわけ、格差や偏見が再生産されないような教育改革が必要であろう。

翻って、幕末のペリー提督の来航以来、われわれ日本人はアメリカを巨大な海洋国家と見なし、付き合ってきた。そして、われわれがもっぱら注目してきたのは、東海岸と西海岸のエリート、インテリ層であった。だが、アメリカは同時に巨大な大陸国家でもあり、その内側で大きな社会変動を経験しつつある。われわれも、そのことにより敏感でなければならない。

単発の行動が次につながらない

さて、最後に国際的な、従って、本来の意味でのバランス・オブ・パワーである。2017年4月には、フロリダでの米中首脳会談の直前に、トランプ大統領はシリアへの空爆を決め、習近平国家主席をはじめとする世界を驚かせ、同首席から理解を示す言葉まで引き出した。しかも、事前にロシアには通告していたそうで、危機管理にも成功している。

また、同月末に北朝鮮がミサイル発射または核実験の可能性を示すと、空母「カール・ビンソン」を朝鮮半島付近に派遣し、これも巧みに中国を巻き込んで北朝鮮に圧力を加えた。上述のように、内政では成果に乏しいが、外交ではオバマ前大統領より迅速で果敢に行動するとの印象さえ与えた。何しろ、もともとの期待値が低いから、迅速な行動をとれば高く評価されがちであった。また、大統領自身は外交に習熟していないが、レックス・ティラーソン国務長官、ジェームズ・マティス国防長官、ハーバート・マクマスター国家安全保障問題大統領補佐官ら、いわゆる「大人たち」には安定感があった（彼らはみな、政権半ばで退任していった）。

ただし、やはりトランプの行動は状況対応型であり、単発の行動が次につながらない。一つには、トランプ政権には追求すべき利益はあっても、語るべき理想や理念がないからである。利益の集積から戦術は生まれても、理想や理念がなければ戦略は編みがたい。それでは衰退論に歯止めをかけられない。

次に、トランプ政権の政治任命が大幅に遅れており、軍部を除けば、閣僚レベル以下で外交・安全保障政策を包括的に担当する実務家が欠けていたためである。トランプは自前の人脈を持たない上、大統領選挙中に自分を批判した者は、どれほど有能でも政権から排除してきた。専門家に乏しいと、政権内に孤立主義が蔓延《まんえん》しやすくなる。

「真の危機は精神的なものです」

われわれにとって関心の高い北朝鮮問題についても、展望は定かではなかった。当初、トランプ政権は北朝鮮に「最大限の圧力と関与」を行なうと語っていた。ところが、後に明らかになったように、トランプ大統領は史上初の米朝首脳会談に応じた上、この首脳会談の実現を自己目的化し、北朝鮮の非核化問題は後回しにしてしまった。つまり、ＦＢＩ捜査に代表される内政上のスキャンダル隠蔽に、北朝鮮問題も利用されることになったのである。

２０１７年5月後半に、トランプ大統領は初の外遊先として中東諸国を歴訪した。オバマ前政権の中東政策を転換させる、意思表示の意味もあろう。サウジアラビアの首都リヤドでは、イスラム諸国指導者との国際会議に臨み、トランプ氏は過激派との戦いを「善と悪との戦い」と表現し、宗教の名を利用した暴力行為は容認できないと呼びかけた。これも何やら、レーガン大統領がキリスト教福音派の集会でソ連を「悪の帝国」と呼んだ演説を思い起こさせる。

ただし、注意しておこう。レーガンの演説は次のように続くのである。「アメリカの軍事力は重要ですが、私が常に主張してきたことを、ここで付け加えておきましょう。世界で今進行している戦いは、爆弾やロケット、軍隊や軍事力によって決せられるようなものではまったくありません。今日われわれが直面している真の危機は精神的なものです」。

アメリカのいかなる政権に対しても常に、われわれの立場やアジアの事情をアメリカのアジア政策に的確に反映すべく、日本はあらゆるネットワークを駆使して働きかけなければならない。また、アメリカの歴代政権が直面する三つのバランス・オブ・パワー――三権分立、社会の諸勢力の変化、国際的な力学――についても、われわれの理解を深めなければならない。

第3章

バイデンの登場

トランプ政権の「成績表」

２０１７年1月の大統領就任演説で、トランプは「権力をワシントンから国民に返す」「忘れられた人々は、もうこれ以上、忘れられることはない」と宣言し、貧困や犯罪による「アメリカ国内の殺戮は、まさにここで、たった今終わる」とさえ語った。「ワシントン・アウトサイダー」、ポピュリストの本領発揮であった。

その直後には、新大統領はＴＰＰからの「永久離脱」、メキシコ国境の壁建設、シリア以外の難民受け入れとイスラム7カ国からの入国ビザ発給の一時停止などの大統領令を相次いで発出した。

さらに、同大統領は6月にアメリカのパリ協定からの離脱を表明し、7月にトランスジェンダーの米軍への入隊を禁止して、12月にはエルサレムをイスラエルの首都と認定した（18年5月に米大使館はテルアビブからエルサレムに移転——実際には、エルサレムの米総領事館を大使館に昇格しただけ）。18年5月には、アメリカはイラン核合意からも一方的に離脱を表明した。

大統領選挙中には、トランプは日本や韓国、ドイツなどの同盟国の基地費用分担について不満を表明していたが、大統領就任後はかなり自制的になった。特に、日本の安倍晋三首相とは緊密な関係を構築した。安倍首相は日米関係のみならず、米欧関係の維持にも間接的に貢献した。一方で、ドイツのアンジェラ・メルケル首相やフランスのエマニュエル・マクロン大統領、他方でトランプ大統領の間に立って、両方からそれなりに信頼されていたのは、G７古参の安倍首相だけであった。

また、トランプ大統領はロシアのウラジーミル・プーチン大統領や中国の習近平国家主席らのリーダーシップを賞賛し、後者とは２０１７年4月に首脳会談に臨んだ。トランプ大統領によれば、習主席は「中国史上最も偉大な指導者」であった。

しかし、２０１７年末にトランプ政権が公表した「国家安全保障戦略」は、中ロ両国がアメリカの繁栄と安全を侵食し、北朝鮮とイランがアメリカ及びその同盟国を脅かしていると指摘し、国際テロリズムにも警鐘を鳴らしていた。トランプ流の「アメリカ・ファースト」のレトリックを用いながら、アメリカの伝統的な現実主義路線を継承する内容であった。

その後、米中貿易摩擦も激化し、２０１８年3月にトランプ大統領は中国からの輸入に関税を課する大統領令に署名した。なにしろ、彼は「関税男」を自負していた。7―9月には、アメリカの制裁関税は計2500億ドル、中国の報復関税も1100億ドルに上った。他方、北朝鮮の核実験やミサイル発射に対して、トランプ大統領は同国の最高指導者・金正恩を「小さなロケットマン」と批判したが、18年6月にはシンガポールで史上初の米朝首脳会談に応じた。

政権の初期段階で、トランプ大統領は選挙公約を性急に実現しようとした。「アイデンティティ・ポリティックス」と「ステイタス・ポリティックス」を刺激して、国内の支持層に強く訴求するためである。その際に、同大統領は「情報のニッチ化」につけ込んで、ツイッターを巧妙に駆使した。そのため、反トランプ派は大統領を信用せず、親トランプ派は大統領以外を信じないようになっていった。

外交でも、トランプ大統領は自らの交渉力を頼んで（しばしば過信して）、外国首脳との直接的な「ディール」を好んだ（この点でも、彼はF・D・ローズヴェルトやレーガンの系譜に属する）。また、彼はリベラルな国際協調や多国間主義に背を向け、自由や民主主義、人権といったアメリカ外交の普遍的価値を標榜することもなかった。それでも、トランプ大統領は主要な同盟関係を維持したし、中ロとは関係改善できなかった。つまり、彼がアメリカ外交に及ぼした変化は主としてスタイルについてであって（もちろん、外交におけるスタイルは重要である）、内政ほど大きなものではなかった。国際政治のパワー・ゲームという本質が、大統領の前に立ちはだかったからである。

大統領1期目の中間選挙で与党が敗退するのは、ほとんどアメリカ政治の定石である。2018年11月の中間選挙もその例に漏れず、大統領と連邦議会の上下両院を共和党が制する「トリプル・レッド」が崩れて、内政は不安定の度合いを増した。

しかも、12月にはジョン・ケリー大統領首席補佐官やマティス国防長官ら政府高官が相次いで辞任した。こうして、外交や安全保障に習熟し、大統領の暴走を牽制しようとする「大人たち」「将軍たち」は、トランプ政権から一掃された。

その上、政権発足から1年以上経っても、大統領の支持率は常に50％を下回っていた。トランプは再選を意識して、より個人外交に傾斜し、さらに内政的配慮に基づく外交を追求した。前者の例としては、2019年2月にトランプはシンガポールで二度目の米朝首脳会談に臨んだが、まったく成果は上がらなかった。後者の例としては、トランプ大統領の対中強硬姿勢が一層顕著になった。5月には、中国の通信機器メーカー、ファーウェイへの輸出規制を発表し、8月には中国を「為替操作国」に指定（20年1月に解除）、9月には制裁・報復関税の第4弾を発動した。

しかし背後では、トランプは翌年の大統領選挙で「自分が勝てるよう習の協力を乞うた」し、ウイグル自治区での強制収用所建設を奨励さえしたという。「アメリカ・ファースト」どころか「トランプ・ファースト」と揶揄される所以であろう。

党派対立もますます熾烈になり、民主党が主導する下院は12月にいわゆるウクライナ疑惑でトランプ大統領を弾劾訴追した。すでに2016年の大統領選挙をめぐって、「ロシアゲート」疑惑もくすぶっていたが、こちらはトランプが大統領権限を乱用してウクライナ大統領に圧力をかけ、バイデン前副大統領とその子息に不利な情報を得ようとした疑惑である。もとより、上院では共和党が多数を制しており（弾劾成立には上院の出席議員の3分の2の賛成を要する）、20年2月にはトランプ大統領に無罪の判決が下された。

ここまで、トランプ大統領が強気の政権運営をできた理由はいくつかある。まず、岩盤と言われる支持層が4割弱おり、彼らに得意のツイッターなどで効果的に働きかけてきたからである。さらに、好景気が続き、失業率も低かった。２０１９年9月の失業率は３・５％と、過去半世紀で最も低かった。

しかも、「トランプの戦争」はなかった。ブッシュがアフガニスタンとイラクで戦争を始め、オバマもアフガニスタンには3万人を増派した。これに対して、トランプによるアフガニスタン増派は４０００人にとどまる。二つの戦場では5万人近くの米兵が戦死し、ほぼ同数の従軍経験者が心的外傷後ストレス障害（ＰＴＳＤ）などのため帰国後に自殺していた。自死に至らずとも、アルコールや薬物の依存症に陥《おちい》った者は、さらに多い。トランプはこれらの犠牲に大きな責任を負わず、むしろ政治的に利用できたのである。

「グローバル政治のストレステスト」に失敗

しかし、こうした安定要因はコロナ感染症の拡大によって霧散し、トランプ本来の「三つのＩ」（久保文明）が一層露骨になって事態を悪化させていった。

まず、景気は大幅に後退した。２０２０年のアメリカの実質国内総生産は、前年度比３・５％減少となった（リーマン・ショック後の09年は２・５％減）。20年4月のアメリカの失業率もほぼ15％と、1929年の世界大恐慌以降で最悪を記録した。また、トランプ大統領は迅速に中国とヨーロッパからアメリカへの渡航を禁止したものの、その後は「三つのI」に頼って専門家の助言や科学的分析を軽視し、感染の急速な拡大と多数の死者をもたらしてしまった。

10月には大統領自身がコロナ感染し、ホワイトハウス内でもクラスター感染が発生する事態になった。トランプ大統領の退任直前には、アメリカでのコロナ感染者数は2000万人を超え（世界中の感染者数のほぼ4分の1）、死者数も40万人に達した。もちろん、いずれも世界一である。特に、後者は第二次世界大戦での米軍の死者数を上回った。政治哲学者のフランシス・フクヤマによれば、トランプ政権下のアメリカはパンデミックという「グローバル政治のストレステスト」に、明らかに失敗したのである。

コロナ感染症との「戦争」に多数の「戦死者」を出したことで、トランプ大統領の岩盤支持層の一部も離反していった（特に、白人高齢者と子供を持つ白人女性）。こうして、大統領選を有利に戦えるはずの「現職のボーナス」は、現状の責任を厳しく問われる「現職のオーナス（負荷）」に転じていった。

コロナ感染症が拡大するにつれて、アメリカ国内の格差も一層大きくなっていった。例えば、同じ40歳の男性でも、ヒスパニックは白人と比べて、コロナ感染症による死亡の確率が12倍に上った。また、年収10万ドル以上の者の6割は在宅勤務が可能だが、4万ドル以下だと10%にすぎなかった。「アイデンティティ・ポリティックス」と「ステイタス・ポリティックス」が、トランプの意図を超えて再び結合を深めたのである。ここに、警察官による黒人殺害事件を契機とした「ブラック・ライブズ・マター」という抗議運動（BLM）も全米に拡大した。トランプ大統領はこれに強硬に対処しようとしたため、BLMも一層過激化した。

対外的には、トランプ大統領はコロナ感染症の対応をめぐって中国への批判を強め、貿易のみならず投資や人的交流でも対中強硬策を相次いで打ち出した。米中関係の悪化が国際協調を乱しているとして、G2どころか、Gマイナス2を唱える者もある。大統領選挙に敗れた後も、トランプ大統領はバイデン次期政権での軌道修正を困難にすべく、対中強硬姿勢を貫いた。

同盟関係でも、同大統領は在韓米軍駐留経費負担の大幅見直しを韓国政府に求め、202

0年7月には在ドイツ米軍1万2000人の削減を一方的に表明した。いずれも内政、とりわけ大統領選挙を強く意識したものであり、トランプの「三つのI」の発露でもあった。トランプの外交政策は、敵対国への強硬姿勢と同盟関係の自傷行為という矛盾を孕《はら》んでいた。

もちろん、国内支持層を意識したトランプの個人外交が、イスラエルとアラブ首長国連邦との国交樹立など、中東で一定の成果を挙げたことも無視できない（これも、パレスチナ暫定自治政府の無為と腐敗に対する、アラブ諸国の失望が前提になっている）。

このように、トランプ政権は一貫して内政重視（あるいは再選重視）だったが、初期には外交面で予想以上に現実主義的な対応を示した。だが、徐々に内政は不安定化し、それが外交にも投影されるようになった。そして、コロナ感染症の拡大以降は、国内の対立がさらに激化し、トランプ大統領の個人的資質が外交でも直截に影響したのである。

同時多発テロ（ジオポリティックス）とリーマン・ショック（ジオエコノミックス）という二つの危機がトランプ大統領誕生を助けたが、今度はコロナ感染症パンデミック（ジオヘルス――御立尚資）が彼の敗北を準備し、「アメリカのワーテルロー」（ジュリアン・ゲワーツ）になりつつあった。

1892年以来の再選失敗

２０２０年11月3日の大統領選挙も激戦となった。トランプは前回16年選挙を１１００万票も上回る７４００万票以上を獲得した。これは、共和党大統領候補としても、再選をめざす大統領としても、史上最多の得票数であった。だが、バイデンが獲得した一般投票数は８１００万票以上と、トランプ票をさらに凌駕し、選挙人獲得数ではバイデン３０６人、トランプ２３２人となった。

この二つの数字は、前回選挙でトランプとヒラリーが得た選挙人数と同じである。今回は、民主党がペンシルヴァニア州とミシガン州で競り勝ち、アリゾナ州を共和党から奪った。共和党が大統領選挙で2回続けて一般投票の多数を得られず、現職大統領が再選に失敗したのは、ベンジャミン・ハリソン大統領が落選した１８９２年以来のことであった。

トランプ支持派は選挙結果を認めず、連邦議会議事堂に乱入する事件さえ惹起した。その反動で、当初は共和党有利と見られていたジョージア州での上院2議席の決選投票でも、民主党候補が勝利を収めた。そのうち一人は黒人で、ジョージア州では初、南部全体でも民主党としては初の黒人上院議員の誕生となった。もう一人の当選者はユダヤ系であった。この結果、大統領と連邦上下両院の多数を同一政党が占める「三連勝」（ワシントン・トリフェクタ）、民主党による「トリプル・ブルー」が実現した。ただし、上院は50対50（上院議長たる副大統領の1票で民主党が多数を保持）、下院は221対211（欠員3）という僅差ではある。

失意を知るがゆえの希望

「皆さん、民主主義は今この時をもって勝利した」「私はすべてのアメリカ国民の大統領になる」「私たちは同盟関係を修復し、再び世界に関与する」――2021年1月20日の就任演説で、バイデン新大統領はこう呼びかけた。厳しい門出である。バイデンの政治的人生の中では、ウォーターゲート事件によるニクソン大統領辞任の頃に、最も近い状況かもしれない。

当時、バイデンは新人の上院議員であった。個人的にも、1972年末に妻と娘を交通事故で亡くしたことから、彼は失意の中にあった。自殺さえ考えたという。アイルランド系のバイデンは詩を愛唱するが、そのうちの一つがノーベル文学賞を受賞したシェイマス・ヒーニーの「希望と歴史の詩」である。

歴史は教える
人生に希望を持つなと
しかし、生涯に一度
ずっと待ち続けてきた正義の大波が巻き起こり
希望と歴史の詩が紡ぎ出される

失意を知るがゆえの希望――バイデンにとっての「薔薇の蕾」は、この辺りに潜んでいるのかもしれない。ヒラリーのように「嘆かわしい人々」を軽蔑せず、トランプのように「忘れられた人々」の怒りを利用せずに、彼らと希望を共有できるか否かが、バイデン政治の鍵となろう。

大統領の持ち時間が足りない

さて、ニクソンの後を継いだジェラルド・フォードは下院院内総務、バイデンは上院の司法委員長や外交委員長を歴任し、同僚から広く信頼されていた。いずれも穏健派で副大統領を経験している。特に、バイデンは連邦上院議員歴が36年に及び、これは歴代大統領中で最長の連邦議会経験である。

ヒーニーの詩が語るように、歴史はフォードやバイデンの経験や手腕を求めていたのかもしれない。何しろ、彼らの前任者はともに、大統領弾劾騒動の渦中で退任したのである。ニクソンの場合は大統領の任期半ば、トランプの場合は2度目の弾劾訴追の最中であり、いずれも史上初のことであった。そのため、フォードもバイデンも、癒《いや》しや団結を訴えなければならなかった。

フォード大統領回顧録の表題は、『癒しの時』である。だが、二人とも前任者の影を強く意識せざるをえなかった。フォードの場合はニクソンの悪評であり、バイデンの場合はトランプの政治的影響力である。フォードはニクソンに恩赦を与えたため、支持率が急落してしまった。バイデンの前途にも、トランプ支持派の反発や憎悪、「アイデンティティ・ポリティックス」や「ステイタス・ポリティックス」の罠が待ち構えている。

また、フォードもバイデンも、アメリカの国力の深刻な退潮に直面していた。前者はベトナム戦争後の混乱を引き継ぎ、ソ連とのデタント（緊張緩和）も断念せざるをえなくなっていた。後者はコロナ感染症パンデミックと戦いつつ、中国の台頭に向き合わなければならない。

しかも、ニクソン大統領は米中ソの戦略的三角形を重視し、トランプ大統領は一対一の「ディール」を好んで、それぞれ同盟国との関係を弱体化させた。また、ニクソンはブレトン・ウッズ体制から脱却したし、トランプも様々な多国間協調枠組みから離脱した。従って、二人の後継者の最重要外交課題は、同盟関係と多国間協調枠組みの修復であった。

しかし、二人とも大統領としての持ち時間が不足していた。フォードはニクソンの残任期間を務めただけで、１９７６年の大統領選挙で民主党のジミー・カーター候補に惜敗した。バイデンは大統領就任時に78歳と史上最高齢であり、再選の可能性はあるものの、１期４年で勇退するだろうと予測する者が多い。しかも、少なくとも最初の1年はコロナ対策で忙殺されようし、22年11月の中間選挙で「トリプル・ブルー」が崩れれば、急速にレイム・ダック化してしまう。

やはり、マーク・トウェインが喝破したように、「歴史は繰り返さないが、韻を踏む」のであろうか。

1970年代後半のアメリカはさらに混乱し、カーター大統領は強いリーダーシップを発揮できないまま、ソ連との「新冷戦」に突入した。これを戦い抜いたのはレーガン大統領だが、彼ですら国内の政治的対立を緩和することはできなかった。バイデン政権も、同様の運命をたどるのか。

今日のアメリカ国内の対立は、「冷たい内戦」とさえ呼ばれている。この対立を克服することは容易ではない。しかし、国内インフラや教育への再投資なしに、アメリカが中国との競争に打ち勝つことはできない。かつての冷戦コンセンサスのように、対中政策が国内コンセンサスを促す可能性はある。

実際、バイデン政権発足直後には、民主、共和両党から上院議員が8人ずつ参加した「スイート16」や、両党の下院議員26人ずつからなる「問題解決議員連盟」(PSC)などが、超党派の活動を始めた。ただし、こうした流れを拡大するには、共和党はトランプ派と穏健派、民主党は穏健派と急進左派との党内対立を解消しなければならない。バイデン大統領の手腕が試されるところである。

悔い改めた「2021年の民主党員」

さて、ある論者は、バイデン政権の外交政策について、中東重視のオバマ路線回帰派、アジア重視のオバマ路線修正派、内政重視の党内左派に分かれるという。国家安全保障問題担当大統領補佐官のジェイク・サリバンやインド太平洋政策調整官のカート・キャンベルら政権中枢は、修正派に属そう。彼らの多くはオバマ政権でも要職にあったが、2016年当時に比して中国に格段に厳しい認識を示すようになっている。悔い改めた「2021年の民主党員」である。

他方、オバマ政権で国連大使を務めたサマンサ・パワーは、バイデン政権が推進すべき政策課題として、ワクチンのグローバル供給へのリーダーシップ、アメリカの大学への留学奨励策、反政府腐敗グローバルキャンペーンを挙げている。いずれも内政と外交を連動させ、中国との直接対決を回避しようとするものであろう。パワーはバイデン政権で国際開発庁長官に起用された。

筆者なりに政権内の対中政策の路線を整理すると、日米同盟や日米豪印のクアッド（Quad）を軸にして中国に対処しようとする同盟派、新疆《しんきょう》・ウイグル、チベットでの人権蹂躙《じゅうりん》、香港での民主化弾圧をめぐって中国に強く反発する人権派、そして地球環境や公衆衛生などのグローバル・アジェンダで米中協力が不可欠とみなす環境派に大別できよう（地球温暖化は感染症拡大と密接に結びついている）。過去10年ほどの間に、エリート層では軍事、政治、経済の順で対中警戒論が広がってきた。さらに、コロナ感染症パンデミックによって、一般世論のレベルでも対中不信が急速に拡大した。こうした流れの中で、先の三つの路線がバイデン政権内で合従連衡《がっしょうれんこう》を繰り返すことになろう。

国内再建を最優先せざるをえない

バイデンは長い政治経験を持ち、非アイビーリーグ、非ＷＡＳＰであり、対立や怒りではなく妥協と中庸の人である。高齢という共通点を別にすれば、個人的資質では、トランプと好対照である。

しかし、そのバイデンも政権発足直後に数々の大統領令を発して、トランプ政治を覆していった。また、民主党の支持基盤や党内左派に配慮して、バイデン政権は多くのマイノリティを起用している。前政権の否定と「アイデンティティ・ポリティックス」は、バイデン政権にも継承されている。

また、アントニー・ブリンケン国務長官やロイド・オースティン国防長官ら主要閣僚も、中国への強い警戒心を表明し、対中政策ではトランプ前政権を是認している。ニクソン以来の対中関与政策を、トランプは大きく軌道修正した。しかも、ヘンリー・キッシンジャーなしに。バイデン政権内の合従連衡でも、当面は同盟派が中心となろう。これはトランプのディール外交からの大きな修正だが、２０２８年とも予測されるＧＤＰでの米中逆転、軍事技術での中国の急速な追い上げに直面して、現実的な対応である。サリバンが指摘するように、勢力均衡を考慮すれば、同盟関係やリベラルな国際秩序はアメリカの「武器」なのである。さらに、バイデン政権は米ロ関係の改善にも意欲を示している。

ただし、ニクソン・キッシンジャー外交のように戦略的三角形を操縦するには、まず中ロの連携を切り崩さなければならず、相当の力量が求められる。

イスラエルとパレスチナの関係悪化に鑑み、中東政策にも1973年の中東平和ジュネーブ会議以来の大きな転換が必要かもしれない。しかし、ここでも第二のキッシンジャーは見当たらない。

このような外交課題を抱えながらも、バイデン政権は当面、国内再建を最優先せざるをえない。先述のように、それが中国との競争を勝ち抜く前提でもある。あくまで国内再建を優先させつつ、同盟重視の対中政策で時を稼ぎ、人権や環境問題でアクセルとブレーキを踏む――これがバイデン政権の構図であろうか。

イギリスの首相ウィンストン・チャーチルが「民主主義は最悪の政治形態である。ただし、過去に試みられた他のすべての政治制度を除いては」と語って、逆説的に民主主義を礼賛したことはよく知られる。「アメリカ人は常に正しいことをする。ただし、他のあらゆる可能性を試みた後に」とも、そのチャーチルは述べている。試行錯誤を重ねながらも、アメリカ人は最後には成功を手にする、という確信である。

世界的なベストセラー『銃・病原菌・鉄』で知られる生物地理学者のジャレド・ダイアモ

ンドも、アメリカの恵まれた地理的環境と豊かな天然資源、人口増大などを指摘して、「中国やメキシコがアメリカを破壊することはできない。アメリカを破壊できるのはアメリカ人自身だけである」と喝破している。むしろ、アメリカが中国との競争を勝ち抜いた後に、トランプ流の外交レバレッジを再活用し、果てには「ならず者の超大国」になるのではないか、と懸念する専門家もいる。

アメリカの国際的関与を促す努力を

他方、中国はすでに生産人口の大幅な減少局面に突入し、世界一のGDP大国になる頃に世界一の人口大国の地位をインドに譲り渡す。人口性比（女性100人当たりの男性数）も105といびつである。

実は、日本も人口減少に苦しみながら、すでに総人口の2・3％を外国人が占めるようになっている。2050年には、日本の総人口は1億人を割り、その一割が外国人との予測もある。性的マイノリティも社会的存在感を増している。「アイデンティティ・ポリティックス」や「ステイタス・ポリティックス」というトランプの「薔薇の蕾」は、日本の問題にもなりつつある。われわれはアメリカの国内的対立と和解への努力から学びつつ、アメリカの国際的関与を促す努力を一層重ねなければならない。

次章以下では、バイデン政権下での「冷たい内戦」や米中関係、日米関係について、歴史のアナロジーを活用しながら検討してみよう。

第4章

アメリカは「冷たい内戦」に？

「民主党よりロシアのほうがまし」

トランプの登場と退場、そして、バイデンの登場というドラマに遭遇して、人々は歴史にその意味を探ろうとしてきた。そのため、様々な歴史のアナロジーが語られてきた。

その一つが、すでに触れた「冷たい内戦」という議論である。2021年8月段階で、コロナ禍によるアメリカ人の死者数は63万人を超え、「熱い内戦」だった南北戦争の戦死者数に匹敵する。また、同年1月の連邦議会議事堂襲撃を、南北戦争の発端となったサムター要塞攻撃以来の民主主義への挑戦と呼ぶ論者もいる。

「トランプ対ハリウッド」（第2章）でも指摘したように、さすがにハリウッドは時流に敏感である。2016年の春には、マーベル・スタジオが早くも、アンソニー&ジョー・ルッソ監督『シビル・ウォー／キャプテン・アメリカ』を公開していた。トランプ当選に至る大統領選挙の予備選挙が本格化した頃である。

この物語では、地球を守るスーパー・ヒーローたちの行動が一般人に多大な犠牲をもたらし、国際連合が彼ら「アベンジャーズ」を管理下に置こうとする。これを受け入れようとするアイアンマンたちと、これに反発するキャプテン・アメリカらが鋭く対立し、「アベンジャーズ」は内戦状態に陥るのである。ただし、こちらは「熱い」内戦である。

キャプテン・アメリカを演じるのは、クリス・エバンスである。彼は仲間とともにアプリ&ウェブサイトの「ア・スターティング・ポイント」を立ち上げ、党派対立を克服すべく、連邦議会議員に自らの政治的見解を2分以内で語らせて、若い世代に発信している。これこそ、ヒーローであろう。

２０１８年には、あのマイケル・ムーア監督も『華氏１１９』を手がけた。２００１年９月11日の同時多発テロ以降のブッシュ政権の対応を批判して、同監督は『華氏９１１』（２００４年）をヒットさせた。今度の「１１９」は２０１６年11月9日、すなわちトランプの大統領当選が確定した日付である。だが、この映画では、トランプ批判以上に、政治制度や既存のエリートへの不信が描かれている。

画面には、「民主党よりロシアのほうがまし」と書かれたTシャツ姿のトランプ支持者たちが大勢姿を見せる。また、ムーア監督のインタビューに答えて、ティモシー・スナイダー（イェール大学教授、中東欧史、ホロコースト史）は、アメリカでは民主主義の歴史は浅いとさえ指摘している。第一次世界大戦後まで女性参政権は認められていなかったし、1960年代の公民権運動までは黒人の参政権も露骨に妨害されていたからである。だとすれば、アメリカの民主主義がしばしば危機に陥ることも、さほど不思議ではない。

さらに、ミシガン州フリント市での「水危機」は衝撃的である。同市はムーア監督の出身地でもある。フリント市で水道が民営化されたために、住民の多くが鉛の汚染水による健康被害に直面した。リック・スナイダー州知事（共和党）が、強引に経費節減を図ったためである。のちにオバマ大統領が連邦緊急事態宣言を発出したが、遅きに失した。大統領は現地を訪れ、自ら現地の水を所望しながら、紙コップに唇をつけただけで飲まなかった。カメラが、その偽善をはっきりと収めている。

フリントは典型的なラストベルトであり、PC（ポリティカル・コレクトネス）ばかり気にするインテリやエリート、金持ちのリベラル、つまり「リムジン・リベラル」は信用を失っていた。いち早く、ムーアはこの「ステイタス・ポリティックス」に気づいていたのである。実際、2016年の大統領選挙では、ミシガン州はわずか1万票、0・2ポイント差でトランプの手に落ちた。

WCAへの「弔辞」

また、学術的な分野でも、宗教問題の専門家ロバート・ジョーンズが、やはり2016年に『ホワイト・クリスチャン・アメリカの終わり』を出版している。著者によれば、同性婚、宗教や性をめぐる自由、白人と黒人との対立、初の黒人大統領の登場、「茶会」の台頭といった社会的、政治的現象は、白人でキリスト教徒のアメリカ人（WCA）が多数派でなくなりつつあるとい現実を抜きには、理解できないという。

同書のWCAへの「弔辞」によると、例えば、10年には160年の歴史を誇るYMCAが通称を〝The Y〟と改めた。つまり、キリスト教を意味するCが通称から消えたのである。また、13年にボーイスカウトアメリカ連盟（総長はロバート・ゲイツ元国防長官）がゲイの若者の参加を公式に認めた。WCAの凋落が、「アイデンティティ・ポリティックス」を刺激している。

こうした「ステイタス・ポリティックス」や「アイデンティティ・ポリティックス」、さらに選挙のたびに問われる制度上の問題が絡み合って、「冷たい内戦」という議論をもたらした。

早くも2017年の春には、アンジェロ・コデヴィラ（ボストン大学名誉教授、国際関係論）が「冷たい内戦」という論文を発表している。彼によると、16年の大統領選挙後のアメリカは相違と敵意が支配する革命の時代を迎えた。今や、アメリカ国民の多くは異なる意見を受け入れることができなくなり、憲法が規定した共和国の基礎が揺らいでいる。また、例えば、カリフォルニアやニューヨークとテキサス、南北ダコタでは、政治を運用する実態が根本的に異なってしまっている。奴隷制の是非などをめぐって若者が血を流した南北戦争前の事態に酷似していると、コデヴィラは指摘する。

さらに、チャールズ・ケスラー（クレアモント・マッケナ大学特別教授、政治学）は、「冷たい内戦」という概念を次のように説明している。政治には、通常の政治と体制をめぐる政治がある。前者では一定の秩序の中で目的（自由や民主主義など）を共有しながら、それを実現する手段が異なる。だが、後者では目的そのものが異なる。1968年以来、アメリカでは分割政府（大統領と議会多数派の政党が異なる状態）が常態化し、体制をめぐる政治が熾烈化してきた。過激なニューレフトの登場とそれに反発する保守派の対立で、70年代末から80

年代にはついに「冷たい内戦」が勃発した。

それは憲法観の相違でもある。左派は進歩史観に立って、憲法解釈を時代や社会の変化に柔軟に対応させようとし、右派はあくまでも古典的な解釈を重視する。そして、左派は変化を可能にする「大きな政府」を求め、右派は「小さな政府」による節制を求める。

「冷たい内戦」の解消は困難

こうした根本的な対立を解消するには、五つの方法しかないと、ケスラーは言う。

第一は、政治の主題を変えることである。もし宇宙人に攻撃されたら、われわれは政治的相違を超えて団結するだろうと、かつてレーガン大統領は述べた。中国の台頭や環境問題が主題変更の役割を果たすであろうか。

第二は、ものの見方や精神（マインド）を変えることである。20世紀のアメリカ史で、多数派の再編に成功した大統領はＦ・Ｄ・ローズヴェルト（広範なニューディール連合を構築）とレーガン（南部でレーガン・デモクラットを獲得）の二人だけであり、しかも、後者の成功は限定的であった。２０１６年のトランプも20年のバイデンも大統領選挙に圧勝してはおらず、連邦議会でも与野党が伯仲している。説得と妥協による多数派形成は容易ではない。

残る方法の中で最も好ましいものは、連邦制の強化である。そうすれば、「青い州」（民主党が強い州）と「赤い州」（共和党の強い州）の対立をかなり緩和できる。だが、連邦制の強化そのものが、常に政治的な争点なのである。

第四の方法は、かつて南部諸州がめざしたような分離である。近年では、1993年にチェコスロバキアがチェコとスロバキアに平和裏に分離した。だが、歴史上、アメリカは分離を斥《しりぞ》け常に拡大し続けてきた国である。

そして、最悪の方法は「熱い内戦」、つまり第二の南北戦争である。

このように見ると、「冷たい内戦」の解消はきわめて困難である。

ちなみに、19世紀末から憲法を柔軟に解釈しようとする「進歩派」が台頭したが、その代表的な一人がプリンストン大学教授だったウッドロー・ウィルソンである（のちの第28代大統領）。そのウィルソンは対外的にはリベラルな国際主義者であったが、国内的には南部の人種差別主義者であった。およそ100年後に、ウィルソンの国際主義は、もう一人の人種差別主義者トランプによって棄損された。

同様のことは、フルブライト奨学金の創設で知られるウィリアム・フルブライト上院議員（民主党）にも該当する。「大国の利益は国内政治と外交政策の間にパーティションを築くことで最もうまく構築できる」と、彼は考えていた。南部の人種差別には目を閉ざして、国際的には理想を説くのである。「彼の失敗は、アメリカという国、そして南部という彼の出身地の失敗だった」と、チャールズ・キング（ジョージタウン大学教授、国際関係論）は指摘している。

２０２０年にプリンストン大学は公共政策・国際関係論の学部の名称からウィルソンの名前を外すと決定したし、アーカンソー大学も学部の名称からフルブライトの名前を外す方向で検討している。ヴァージニア州シャーロッツヴィル市で南北戦争の英雄ロバート・リー将軍の銅像が撤去されることになったのと、同じ流れである。17年には、リー将軍像の撤去に反対する白人至上主義者とその対抗勢力との間で死傷者を出す惨事も生じた。

このように、「冷たい内戦」という議論は、今日のアメリカの政治的・社会的対立が、きわめて歴史的で思想的、かつ政治体制の根幹にかかわるものであることを示している。

かくも複雑な大統領選挙の仕組み

では、「冷たい内戦」で、何が争点になってきたのか。先に触れた選挙制度、「アイデンティティ・ポリティックス」、「ステイタス・ポリティックス」に整理して検討してみよう。

まず、選挙制度上の対立である。

形式上、アメリカの大統領選挙は有権者が大統領を直接選ぶのではなく、大統領選挙人を選ぶ間接選挙である。選挙人の総数は538人で、過半数の270人以上を制した者が勝者となる。

選挙人は人口に応じて全米50州と首都ワシントン特別区（DC）に配分されており、多い順でカリフォルニア州の55人、テキサス州の38人、フロリダ州の29人と続き、アラスカ、デラウェア、モンタナ、ノースダコタ、サウスダコタ、バーモント、ワイオミングの7州とワシントンDCが最小の3人である。この数は、各州選出の連邦下院議員（総数435人）と連邦上院議員（総数100人）の合計に相当する。前者は州の人口に応じて配分されており（最低でも1人）、後者は各州2人である。つまり、カリフォルニア州は53人の連邦下院議員と2人の連邦上院議員を擁しており、ワイオミング州は連邦下院議員が1人と連邦上院議員が2人となる。ワシントンＤＣは70万人の人口を擁するものの、州ではないため連邦議会に議席を持たず、連邦下院に投票権のない代表1人を送っている（ＤＣの州昇格運動は継続中）。

大統領選挙人は予めどの候補者に投票すると誓約しており、一般投票で有権者から一票でも多く獲得した候補者の選挙人リストから、その州に配分されている選挙人数が選ばれる（勝者総取り方式）。メイン州とネブラスカ州のみが、複雑な配分方式をとっている。

この一般投票日は11月の第1月曜日の次の火曜日と、法律で定められている。第1火曜日ではないので、11月1日になることはなく、2―8日の間のいずれかである。ここで大統領選挙人の数が確定すれば、事実上、大統領が決まったことになる。

しかし、やはり形式上は、大統領選挙人が12月の第2水曜日の後の月曜日にワシントンＤＣで投票を行なう。この時に誓約した候補者以外に投票する「不誠実な選挙人」も稀にいるが、選挙結果に影響を及ぼした例はない（誓約に反した場合、ミシガン州など3州では選挙人を交代させる）。この投票結果を、翌年1月初旬の連邦合同議会会議で開票して、当選者が確定する。21年には、この際に連邦議会襲撃事件が起こったのである。

なぜアメリカの大統領選挙の仕組みは、かくも複雑なのか。それは歴史的な経緯による。まず、建国初期には有権者の識字率が低く、また、交通や通信の手段も限られていたので、有権者が大統領候補の政策や主張を理解することは困難であった。そのために、地位と財産のある地元の有力者が大統領選挙人に選ばれたのである。いわば、ポピュリズムを回避する手段であった。

また、各州には独立意識が強い（日本の都道府県とは異なり、アメリカの州は地方自治体ではない）。そこで、各州の政治的独立性（州権）を担保するために、大統領選挙人は州毎に配分されている。特に、小さな州が一定の政治的影響力を維持するには、勝者総取り方式のほうが好都合である。

さらに、農作物の収穫期を避けるために、投票日は11月になっており、キリスト教の安息日を守るために日曜日は避けられている。列車はもとより、馬車や馬がなければ、身近な投票所まで丸一日で到着する保障がないので、投票日は月曜日ではなく火曜日なのである。

アメリカは歴史が浅いと評する人が時にいるが、そのアメリカは憲法に修正を重ねながら同じ政治体制を２５０年近く維持している。フランスのブルボン王朝よりも長いし、江戸時代に匹敵する。「熱い内戦」が起こらないかぎり、あと半世紀でロシアのロマノフ王朝をも超える。

とはいえ、選挙制度についての歴史的な理由の多くは、今や意味を失っている。有権者の識字率は99％で、通信も情報も発達している。むしろ、情報の過剰がポピュリズムの源泉にすらなっている。一票の格差も拡大している。全米最小人口のワイオミング州は58万人で、最大のカリフォルニア州はその68倍の３９５３万人である。ところが、大統領選挙人では３人対55人であり、一票の格差は３・72倍となる。もちろん、連邦上院議員では、一票の格差は68倍になる。また、２０２０年の調査では、毎週教会に行く者は24％にすぎない。

それでも、大統領選挙人は憲法上の規定であり、州権の問題である。結果として、民主党支持者の多い都市部に不利で、共和党支持者の多い過疎地域に有利な構造になっている。人口では民主党が勝ち、面積では共和党が勝つ。南北戦争時のように、アメリカは地理的に分断されている。近年、この傾向は一層顕著で、21世紀になってから、２度もマイノリティ大統領（一般投票で敗れながら、大統領選挙人数で勝利した大統領）が登場し、両者とも共和党であった（G・W・ブッシュとトランプ）。マイノリティ大統領は19世紀に３人いただけで、20

世紀には1人もいなかった。

もちろん、微修正はなされている。日本と同様に、10年に一度、アメリカでは国勢調査が実施される。2020年がその年に当たった。人口の変動を受けて、22年の中間選挙には、各州に配分される連邦下院議員の数（従って、24年の大統領選挙人の数）が変化する。テキサスは2増、コロラド、フロリダ、モンタナ、ノースカロライナ、オレゴンは各1増、カリフォルニア、イリノイ、ミシガン、ニューヨーク、オハイオ、ペンシルヴァニア、ウェストバージニアは各1減となる。五大湖周辺のラストベルトの人口減少が目立つ。

これらの州では、連邦下院議員の選挙区割りを変更しなければならない。33州では州議会、14州は知事や州議会が任命する第三者機関、残る3州は州議会と第三者機関などの合同で、区割りを決める。そこで、自分たちに有利な選挙区割りを行なう、いわゆるゲリマンダリングが横行する。2021年1月段階で、テキサスやフロリダなど23州では州議会で共和党が多数、カリフォルニアやニューヨークなど15州では民主党が多数となる。知事も共和党が27人、民主党が23人である。つまり、共和党のほうがゲリマンダリングの恩恵を受けやすくなる。

さらに、州知事の選挙方法も州によって異なる。大統領と同じく、ほとんどの州では1期4年、2期までだが、ニューハンプシャー州とバーモント州だけは1期2年で何度でも再選可能である。また、アリゾナ州など5州には副知事が置かれていない。しかも、26州で知事と副知事は一組で選出されるが、カリフォルニアやテキサスなど17州では別々に選ばれるため、両者が政党を異にする場合もある。そして、テネシーとウェストバージニアの2州だけは、州上院が副知事を決める。35州では、州務長官（筆頭閣僚）すら選挙による（アラバマ、ハワイ、ユタの3州では、この役職は不在）。

驚くべきは、ミシシッピー州知事選挙で、一般投票と122の選挙区の双方で過半数を得なければ当選できない。どの候補者もこの要件を満たさない場合は、州下院で上位2人の候補者の決選投票を行なう。この規定は1890年に州憲法に導入されたもので、南北戦争後にも黒人差別を継続するための、典型的なジム・クロウ法である。ゲリマンダリングによって、黒人の居住地が多くの選挙区に分断されていることは言うまでもない。

しかも、大統領選挙の具体的な投票方法も、州によって相違がある。日本と違って、アメリカでは自ら有権者登録をしなければ投票できない。学生証を身分証明書として認めなければば、運転免許証やパスポートを持たない学生の有権者登録は困難になる。貧困層もしばしば、運転免許証やパスポートを持っていない。彼らの多くは民主党支持者である。また、投票所の設置個所を制限すれば、多くの有権者が遠くまで投票に出向かねばならず、自家用車を持たない者や非正規雇用などで投票に時間を割きにくい者にも、不利に働く。他方、ドライブスルーや24時間の投票を認める州もある。

そこに、2020年の大統領選挙では、コロナ禍下での投票という問題が加わった。当然、郵便投票が増えたが、遅配や紛失のリスクが高かった。特に、トランプ大統領は郵政公社を大幅に縮小していた。民主党支持者には貧困層やコロナ禍に敏感で外出を嫌う者が多く、その分、郵便投票に頼ると想定されたからである。実際、郵便投票の数は6564万票にも上った。ところが、敗北が決まると、トランプ陣営は郵便投票で大規模な不正があった、「選挙が盗まれた」などと言い募り、合計で62もの訴訟を起こし、80人以上の裁判官が審理に当たった。だが、いずれも根拠が乏しく、ことごとく退けられた。

アメリカは「中央分権」の国

トランプ大統領は、在任中に226人もの連邦裁判所判事を任命していた。州裁判官でも共和党支持が52％、民主党支持は33％で、司法で共和党優位の州が31、民主党優位が18である。アラバマや南北のダコタ、テキサスの諸州は、州最高裁の判事はすべて共和党支持者である。それでも、トランプ陣営の訴えはほとんど門前払いにあったのである。

ところが、その後に、多くの州で投票条件を厳格化する投票制限法案が議論されるようになり、共和党優勢の州で成立するようになっている。ジョージア州も、その一つである。2021年1月の連邦上院議員の再選挙で、同州で初めて黒人が当選したが、新たな州法の下では「奇跡」の再来は期待しがたい。

これに対して、バイデン大統領は連邦レベルで選挙制度改革法案を推進し、期日前投票の拡大やゲリマンダリングの制限、献金の透明化、有権者登録の簡素化などを実現しようとしているが、共和党が強く反対している。ハリス副大統領（上院議長）が議会工作に当たってきたが、奏功していない。「われわれの州の制度に介入するな」——南北戦争時の南部諸州も、そう叫んだ。アメリカは「中央分権」の国なのである。

このように、アメリカの大統領選挙は歴史に支配され、様々な不合理を抱えている。そして、党派対立がそれを助長している。アメリカ政治は実に複雑なのである。

繰り返すＢＬＭ

さて次に、「アイデンティティ・ポリティックス」と「冷たい内戦」との関係である。まず、黒人の命は大事だとする「ブラック・ライブズ・マター」（ＢＬＭ）運動がある。大統領選挙の半年前、２０２０年５月にミネソタ州ミネアポリスで、黒人のジョージ・フロイドが偽札を使った容疑で白人警察官に押さえつけられ、首を８分46秒圧迫されて死亡した。フロイドは「息ができない」と訴えていた。このフロイド事件から、ＢＬＭは全世界に知られるようになった。

しかし、類似の事件は過去にも多発していた。例えば、12年に黒人の高校生がフードを被って菓子を買いに出たところを、街の自警団の男性に不審者と見なされて射殺された。少年は武器を保持してはいなかった。ところが、自警団の男性は正当防衛で無罪とされた。この時に、ＳＮＳでＢＬＭという言葉が拡散し、翌年には財団も設立されている。ＢＬＭは、アメリカ社会の人種差別の根深さを改めて白日の下に晒した。南北戦争さながらである。

ハリウッドでも、2015年のアカデミー賞でエイヴァ・デュヴァーネイ監督『グローリー／明日への行進』がほとんどノミネートされなかったことから、黒人差別と問題視された。この映画の原題は『セルマ』で、キング牧師らがアラバマ州セルマから州都モントゴメリーまで有名な大行進を行なった。

「白いアカデミー賞」という批判を気にしてか、2017年にはバリー・ジェンキンス監督『ムーンライト』がアカデミー作品賞と助演男優賞を獲得した。こちらは、一人の黒人男性の少年期、思春期、青年期を描き、貧困や麻薬、同性愛の問題に切り込んだ。やがては、ヴィクター・フレミング監督の不朽の名作『風と共に去りぬ』（1939年）さえ、問題にされ出した。リー将軍の銅像が撤去されたのと同じような、歴史への見直しの流れである。

「三冠王」ハリス副大統領

学界や言論界でも、批判的人種理論が再注目されるようになった。この理論は、1970年代初頭に法学者によって提起された。法律や制度などアメリカ社会の根幹に、白人至上主義が依然として組み込まれているという議論である。もちろん、これには法学者の中でも異論があり、教育の場でこの理論に言及すべきかどうかをめぐって、州や地方自治体、連邦レベルで問題になっている。20年の大統領選挙で、トランプはこの理論を明確に否定している。

さらに、#MeToo運動も高まりを見せた。セクシャル・ハラスメントや性的暴行の被害体験を告白して共有するSNS上の運動で、「私も」を意味する。この運動そのものは2007年から始まっていたが、15年にハリウッドの辣腕プロデューサー、ハーヴェイ・ワインスタインが女優ら数十名にセクシャル・ハラスメントを告発されてから、燎原《りょうげん》の火のごとく広がった。ワインスタインは逮捕され、禁固23年の判決をうけて服役中である。その後も、ダスティン・ホフマンやウッディー・アレン、ケヴィン・スティシー（被害者は男性）ら著名人が、次々に告発されていった。より最近では、ニューヨーク州のアンドリュー・クオモ知事も辞任に追い込まれた。

2018年7月に、トランプ大統領はカバノー連邦控訴裁判事を連邦最高裁判事に指名したが、その後に高校時代の性的暴行疑惑が浮上した。そもそも、トランプ大統領自身が様々なセクハラ疑惑と訴訟を抱えていた。このように、何十年も前の言動が問題視される「キャンセル・カルチャー」が勢いをえている。

マイノリティや弱者の抗議の声を反映して、２０１８年の中間選挙では、民主党を中心に多くの女性、黒人、ラティーノ、ＬＧＢＴＱらが立候補し当選を果たした。その代表例は、民主党から連邦下院議員（ニューヨーク州14選挙区）に当選した急進左派のアレクサンドリア・オカシオ＝コルテスである。ブロンクス出身のプエルトリコ系の女性で、史上最年少の29歳であった。この選挙では、ＬＧＢＴＱだけでも６１８人が立候補したとされる。

ピート・ブティジェッジ運輸長官（CNP/時事通信フォト）

２０２１年に発足したバイデン政権も、ダイバーシティー、インクルーシブネスを重視している。ハリス副大統領は女性、黒人、アジア系と史上初の「三冠王」であり、その夫もユダヤ系である。オースティンも黒人として初めての国防長官であり、ブティジェッジ運輸長官はゲイである。また、閣僚15人中５人が女性で、閣僚級を含めるとほぼ半数が女性になる。トランプ政権では、女性閣僚はわずか2人、閣僚級を含めて17%であった。

だが、民主党がリベラルに傾斜してマイノリティを重視すればするほど、保守派の反発を招き、中間層の支持も失う。次期大統領選挙も念頭に、「三冠王」ハリス副大統領は、「冷たい内戦」で保守派の格好の標的になっている。

アメリカの「絶望死」

では、「ステイタス・ポリティックス」と「冷たい内戦」はどのように関係するのか。

2015年には、アンガス・ディートン（ノーベル経済学賞受賞）とアン・ケース夫妻（ともにプリンストン大学教授）が衝撃的な論文を発表した。1990—2014年まで、高卒以下の白人中年の死亡率が一貫して上昇しているという内容である。50—54歳では、白人のほうが黒人全体よりも3割も死亡率が高い。一般に、黒人より白人のほうが経済的・社会的に恵まれているだけに、挫折した時の絶望も大きい。これこそ、「ステイタス・ポリティックス」の源泉である。実際、自殺や薬物中毒などの死因が多く、二人はこれを「絶望死」と名付けた。先進国の中では例外的に、コロナ禍以前からアメリカの平均寿命は下がっている。

２０１６年の大統領選挙では、トランプ候補が民主党の地盤であったペンシルヴァニア、ミシガン、ウィスコンシンなどラストベルトの諸州で競り勝った。これらの地域では、工場の閉鎖が相次ぎ、人口も減少し、非正規雇用が増大して失業率は上昇し、白人の中低所得層に絶望感が広がっていた。彼らの失業や減収は、主としてＡＩ化やＩＣＴ化にもよるのだが、移民や外国が職を奪っているというストーリーのほうが、理解しやすく感情移入が容易である。

史上最高の金持ち政権

だが、トランプ大統領が白人の中低所得層の味方であったわけではない。２０２０年にアメリカの経済誌『フォーブス』が発表した長者番付によると、彼の資産総額は25億ドルで全米３５２位である。これでも、コロナ禍の不動産価格の下落で、19％目減りした結果である（21年には４００位以下に転落）。大統領だけではない。トランプ政権は、史上最高の金持ち政権と呼ばれた。政権発足時で、レックス・ティラーソン国務長官の総資産は4億ドル、ウィルバー・ロス商務長官は25億ドル、ベッツィ・デボス教育長官に至っては家族全体で実に51億ドルと、大富豪（ガジリオネア）が連なっていた。

そんなトランプ政権の経済政策の柱が、２０１７年12月に成立した「トランプ減税」であった。連邦法人税を35％から21％に引き下げ、10年間で1兆５０００億ドルの減税となった。個人の所得税も、最高税率が39・6％から37％に引き下げられた。大企業や富裕層には有利だが、中低所得層への恩恵は乏しい。

先述の薬物中毒にしても、貧困や従軍経験のトラウマなどが根本的な原因だが、１９９５年に中毒性のあるオピオイド鎮痛剤の市販が認められたことで、大きな弾みがついた。オピオイドの蔓延で過去20年に35万人以上のアメリカ人が命を落としたという。２０１３年からは、より危険な合成オピオイドが中国から流入するようになった。だが、大手の製薬会社や薬を処方する医師の利益のため、十分な規制がなされていない。

ローンに苦しむ人々の怒り

同様に、詐欺に近い住宅ローン問題への対策も、後手に回っている。多くの金融機関が一方で「ロボット署名」（内容を確認せず機械的に書類に署名すること）を推進し、他方で「差し押さえのエキスパート」を大量に養成してきた。多くの家庭が「水面下住宅ローン」（資産価値の急落でローンの残高が不動産価値を上回る状況）に苦しみ、住居を失ってきた。ところが、金融機関はむしろ、２０１０年のドッド＝フランク法（ウォールストリート改革及び消費者保護法）の廃止に向けて、政治力を傾注している。

大企業寄りの規制緩和策が低中所得層を苦しめている上に、教育を通じた地位向上という「アメリカン・ドリーム」もかつてのようには追求しがたい。高等教育機関の学費が高騰しているからである。１年間の授業料は、州立大学でも約９０００ドル（州外からの入学だと約2万５０００ドル）、私立大学だと3万５０００ドルほどになる。１９８０年代に比べて、平均すると約2倍である。名門になるほど高く、例えば、ハーバード大学なら寮費や食費を含み6万５０００ドルは要する。キャリアアップのために大学院に進学するにしても、やはりハーバード・ビジネス・スクールだと、１年の授業料が7万５０００ドルもかかる。ただし、有名大学ほど資金が潤沢で、従って、奨学金も豊富である。ハーバード大学は４１０億ドルもの基金を運用している。日本の地方銀行並みの資金力である。

成績優秀なら奨学金が得られるが、多くの者は学資ローンに頼る。実に、全米で4500万人（つまり、ほぼ7人に1人）が、総額1兆6000億ドルもの学資ローンを抱えており（1人当たり3万7100ドル）、そのうち2割は返済不能に陥っている。アメリカをまねた大学改革も考え物なのである。

2016年に、J・D・ヴァンスの回想録『ヒルビリー・エレジー』がベストセラーになった。20年には、ロン・ハワード監督が映画化している。ヴァンスはオハイオ州の片田舎（まさにラストベルト）で貧困家庭に育ち、海兵隊に入隊してイラクに派遣されたことから、オハイオ州立大学に学ぶ機会を得て、さらにはイェール大学ロースクールを卒業して弁護士として成功する。

「ヒルビリー」とは、ロッキー山脈やアパラチア山脈周辺に住む山人（つまり田舎者）といった意味で、「ホワイトトラッシュ」（白人のクズ）や「レッドネック」と類似の蔑称である。後者は、南北戦争時に南軍が赤いスカーフを首に巻いていたことに由来する。だが、ヴァンスのような「ヒルビリー」がこれほどの成功を収めることは例外中の例外であり、「アメリカン・ドリーム」よりも夢物語に近くなっている。ちなみに、ヴァンスは今やトランプ支持者となっており、政界入りも噂されている。

他方で、2019年には、40人以上の富裕層やセレブが、子弟のために有名大学への裏口入学を図っていたことが発覚した。当然、学資ローンに苦しむ人々の怒りは収まらない。2020年の大統領選挙では、サンダース、エリザベス・ウォーレン、そしてバイデンら民主党の候補者は学資ローンの返済免除を提案した。しかし、バイデン案は1万ドルの帳消しにすぎず、それすらも実現していない。

ちなみに、コロナ禍で大学の授業の多くがオンライン化されると、レポート代筆のアルバイトが急増しているという。代筆する側は生活のためであり、依頼する側も生活のためにアルバイトに時間を割かざるを得ず、学業の時間が減っているのだという。

「高貴な責務」を果たしていない

貧富の格差はすでに社会正義の問題になっており、しかも、富裕層やエリート層が地位や特権に応じた「高貴な責務」（ノブレス・オブリージ）を果たしていないことが事態を悪化させている。「熱い内戦」たる南北戦争の際にも、富裕層が貧しいアイルランド移民に300ドルほどの金で従軍の肩代わりをさせることが、しばしばあった。そもそも、アイルランドやドイツからの移民という安価な労働力の流入が、黒人奴隷解放運動を促進した側面がある。ゲティスバーグの戦いでは、アイリッシュ旅団が奮闘した。だが他方で、開戦時の1861年には、ハーバード大学の学生の68%が北軍に志願したのである。

「冷たい内戦」下の2021年には、連邦議会議員535人の中で従軍経験を有する者は91人（上院17人、下院74人。共和党63人、民主党28人）であり、第二次世界大戦以降で最低である。

タミー・ダックワーズ上院議員（民主党、イリノイ州選出）は中国系タイ人の血を引く女性で、イラク戦争に従軍して両足を失った。アジア系、女性、戦傷者と、彼女もマイノリティーの「三冠王」である。セス・ムルトン下院議員（民主党、マサチューセッツ州6区選出）はハーバード大学を卒業して海兵隊に入隊し、イラク戦争に従軍した。2020年の大統領選挙で、前者は副大統領候補に名前が挙がり、後者は大統領候補を一時めざしていた。また、ブティジェッジ運輸長官も、ハーバード、オックスフォード両大学に学んで海軍に勤務し、アフガニスタンに7カ月駐留した経験を持つ。だが、彼らはエリートの中では例外的な存在である。

バイデン「一世一代」のインフラ投資計画

このように、低中所得層は生活苦の上に、将来への展望も開けず、富裕層やエリート層を怨嗟している。

しかも、WCA（白人キリスト教徒のアメリカ人）を不安にさせているのが、人口減である。2020年の国勢調査では、白人（ヒスパニックを除く）はついに全人口の57・8％、1億9100万人となり、初めて60％台を割り込み、前回調査時よりも500万人も減少した。全米で最大の人口を擁するカリフォルニア州では、ヒスパニックが39・4％に対して白人は34・7％にすぎない。

ピュー・リサーチ・センターの調査によると、自らをキリスト教徒と見なす人の割合も、2015年の75％から20年には65％と大幅に後退している。ただし、熱心に神を信じる人々は保守的な政治活動にも熱心になっており、共和党支持の宗教右派と民主党支持の世俗主義者との間の「ゴッド・ギャップ」が拡大している。さらに、環境問題や人権問題に熱心な宗教左派も台頭している。

トランプ政権の政策は決して低中所得者に好意的ではなかったが、トランプ大統領自身は民主党系エリート層の「リムジン・リベラル」や移民、中国を敵に見立てて、庶民の怒りを煽り、巧みに自らの政治的資源にしてきた。ところが、コロナ禍は社会の分断や対立を一層顕著にした上、トランプ政権はコロナ対策に失敗し、「岩盤支持層」の一角、つまり、白人高齢者や子供を持つ白人女性の支持をかなり失ってしまった。いずれも、自らの命、子供たちの安全に敏感な層である。これがトランプの敗戦につながった。

2021年1月の就任以来、バイデン大統領は「よりよく再建」(ビルド・バック・ベター)を標榜して、コロナ対策や経済対策を矢継ぎ早に打ち出した。コロナからの「救済」、「雇用」、そして「家族」(教育や福祉など)が、政権の優先課題である。「バイデンのニューディール」政策といえよう。早くも3月には、コロナ対策のために、1・9兆ドル規模の追加経済対策法が成立した。

さらに、バイデン大統領は、雇用創出のために8年間で2・3兆ドル規模という、「一世一代」のインフラ投資計画を発表した。1・2兆ドル規模に縮減することで、なんとか、これは6月に超党派の合意が成立した。だが、共和党は増税や「大きな政府」の復活に反対しており、「家族」計画にはより強く抵抗するであろう。他方で、共和党に妥協しすぎれば、民主党左派が黙ってはいまい。

フィリバスターにも抜け道あり

現状は、「冷たい内戦」の終息にはほど遠い。

政権発足から半年を経て、バイデン政権への支持率は50％であった。これが民主党支持者では90％、共和党支持者では12％、無党派層では48％と、はっきりと分極化していた。

しかも、連邦レベルでの選挙制度改革法案などの重要法案の多くが、共和党の反対で葬られている。連邦議会は上下両院とも民主党が優位だが、上院にはフィリバスター（議事妨害）という制度がある。1人の議員が何時間でも演説を続けて、議事進行を妨げることができる。少数派の意見を尊重するという、超党派精神の「遺物」である。

近年では、2010年にサンダースが8時間半、13年にテッド・クルーズが21時間以上に及ぶ演説を行なった。史上最高記録は、1957年に公民権法成立に反対したストローム・サーモンドによる24時間18分である。フランク・キャプラ監督『スミス都へ行く』(1939年)では、主人公の新人上院議員がベテラン議員の汚職を暴くべくフィリバスターを活用する。

このフィリバスターの討議打ち切り動議(クローチャー)には、上院の5分の3以上、つまり、60人以上の賛成がいる(1975年までは、3分の2以上、すなわち、67人以上であった)。民主党だけでは、フィリバスターを打ち切ることはできないのである。

ところが、フィリバスターには、いくつかの抜け道や例外がある。例えば、1974年の議会予算法に基づく財政調整措置がそうで、予算決議案(予算の大枠)が可決していれば、歳出と歳入、財政赤字の変更についての法案は単純過半数で決することができる。バイデン政権は、先のコロナ救済法をこれで成立させた。実は、オバマケアもトランプ減税も、この手法を用いている。

「核オプション」の応酬

また、連邦裁判所の判事人事への同意も例外である。従来は、これにもフィリバスターが適用されており、超党派の同意が前提になっていた。だが、2013年当時に多数派だった民主党が、共和党の執拗なフィリバスターに業を煮やして、最高裁以外の連邦裁判所判事人事を単純過半数で決められるように議事手続きを変更した。

2017年に今度は共和党が多数派となり、連邦最高裁判事の人事までも単純過半数で決められるようにしてしまったのである。こうした議事手続きの変更を「核オプション」と呼ぶ。民主、共和両党の「核オプション」の応酬のおかげで、トランプ大統領は多くの連邦裁判所判事を指名できたのである。

民主党の中には、さらに「核オプション」を用いてフィリバスターそのものを廃止しようとの動きもあるが、バイデン大統領は慎重である。2022年の中間選挙で上院の与野党が逆転すれば、共和党にフリーハンドを与えることになるからである。

このように、政治制度の歴史的な歪みや「アイデンティティ・ポリティックス」、「ステイタス・ポリティックス」が複合して、「冷たい内戦」、「無作法な戦争」（バイデン）はまだまだ続行している。国内政治に焦点を当てると、「トランプのアメリカ」と「バイデンのアメリカ」には、かなりの継続性がある。バイデン政権発足直後に見られた超党派の議員の活動も、さしたる成果を挙げてはいない。バイデン大統領の資質や経験だけでは、すぐに大きな変化は期待できそうにはない。

そこで、バイデン政権が打ち出しているのが、「中間層のための外交」という概念である。今後のアメリカ外交は、幅広い中間層の利益となり彼らの理解を得られるものでなければならない。では、中国との競争を念頭に置いた「中間層のための外交」は、「冷たい内戦」を癒すことができるのであろうか。

第5章

米中新冷戦か、「危機の20年」か

国際情勢を視野に入れたアナロジー

「冷たい内戦」というアナロジーは、今日のアメリカの政治的・社会的分断が、いかに歴史的で構造的であるかを明らかにしてくれる。しかし、二つの問題がある。

第一は、当然ながら、「熱い内戦」たる南北戦争を、今日の誰一人として実際には経験していないことである。その意味では、このアナロジーは肌感覚に乏しい。

第二に、このアナロジーからは、現代のアメリカが直面する国際的な挑戦が見えてこない。もちろん、南北戦争にも貿易問題など国際的な背景はあったし、戦争の初期には英仏の介入が危惧されたこともある（南部にとっては希望であった）。だが、今日の米中対立は国際政治のメインテーマであり、アメリカの内政にも密接に連動している。

最近の米中関係については、朝日新聞取材班『米中争覇』（朝日新聞出版、2020年）や佐橋亮『米中対立』（中公新書、2021年）など、すでに多くの優れた分析が蓄積されている。それらを参照しながら、本書では引き続き歴史のアナロジーという観点から議論を整理してみたい。

国際情勢をも視野に入れると、どのような歴史のアナロジーがありうるのか。楽観的なものから悲観的なものまで、三つのアナロジーを検討してみよう。1970年代と続く新冷戦、冷戦の起源、そして戦間期である。

まず、1970年代とのアナロジーである。ニューディール路線の「大きな政府」や戦後の高度成長がピークを過ぎ、政治的・社会的な対立が激化したのが、この時期のアメリカである。キッシンジャー博士は、まさに「内戦に近い状態」だったと回顧している。対外的にも、ベトナム戦争は敗北に終わり、その危機から脱するために、ニクソン大統領は米中ソの戦略的三角関係を巧みに操作した。だが、70年代の後半には、米ソ関係は新冷戦と呼ばれる事態に陥った。これは米ソ冷戦の最終局面であった。また、ニクソンはウォーターゲート事件で政府の信頼を失墜させ、弾劾を回避するためにホワイトハウスを去った。その後には、フォード、カーターと弱い大統領が2代続いた。

このように、国内情勢、国際情勢、そしてリーダーの資質と、1970年代はわれわれを今日との比較に誘う。しかも、今から40―50年ほど前のことだから、中高年の多くが、あの陰鬱で過激な時代を体験し、記憶している。バイデン大統領にとっても、国政に登場した時期である。

例えば、BLMを大いに刺激したフロイド事件に、1970年のケント州立大学銃撃事件を連想した者もあったかもしれない。学生が学内で米軍によるカンボジア爆撃への抗議運動を展開していたところ、オハイオ州兵が13秒間にわたり67発を発砲し、学生4人が死亡し、9人が重軽傷を負った事件である。もちろん、学生たちは非武装であった。この事件は、全米史上初の全国学生ストライキを引き起こし、これには400万人以上の学生が参加して、数百の大学が閉鎖に追い込まれた。以後、ベトナム反戦の世論が着実に強まっていった。

慧眼《けいがん》というべきであろう。すでに永井陽之助は、1970年7月号の『中央公論』に「解体するアメリカ」を問うていた。人口移動や世代交代、資本構成の変化、情報革命などからアメリカの社会生態系の均衡が崩れて、連合から対立に向かい、「露出の政治」が進行していると、永井は分析している。ただし、アメリカが「自己復元能力をすら失わしめるまでにいたっている」という診立ては、その後も繰り返される議論である。

国際情勢でも、1975年4月30日には、サイゴンがついに陥落した。ビング・クロスビーの名曲「ホワイト・クリスマス」がラジオから繰り返し流れ、これを合図に多くのアメリカ人がサイゴン脱出を図った。「フリークエント・ウィンド」作戦である。大使館の屋上で米軍のヘリコプターに群がる人々の映像は、衝撃的であった。こうして、当時アメリカの「最も長い戦争」だったベトナム戦争は終わった。パックス・アメリカーナ（アメリカによる覇権）の終わりが語られ、衰退論が熱を帯びた。

サイゴンとまったく同じアフガニスタンの光景

「タリバンと北ベトナム軍は違う」「アフガニスタンで大使館の屋上から脱出することなどありえない。比較の対象にもならない」と、バイデン大統領は語った。しかし、２０２１年8月に米軍がアフガニスタンから全面撤収を開始すると、わずか10日の騒乱を経て、8月15日には首都カブールがタリバンの手に落ちた。脱出のために、人々はアメリカ大使館や空港に殺到した。46年前のサイゴンとまったく同じ光景であった。またもや、パックス・アメリカーナの終焉が語られた。

ベトナム戦争よりも長くなったアフガニスタン戦争も、こうして惨めな終結を迎えた。２００１年9月11日の同時多発テロを受けて、アメリカは「不朽の自由」作戦（15年からは

「自由の番人」作戦）を発動したが、2兆ドルと2448人の米軍人の命を費やし、アフガニスタンに安定も自由ももたらさなかったのである。中には、撤退の終了間際に20歳で戦死した海兵隊員もいた。彼の人生は、この「最も長い戦争」と完全に重なっていた。もちろん、10万人ものアフガニスタン人の死者、アメリカの同盟国軍やメディア関係者、請負業者の被害も忘れてはならない。4万人のタリバンの戦闘員も戦死している。

タリバン政権の復活で、アフガニスタンが再びテロの温床になりかねず、パキスタンなどの近隣諸国にも影響が出よう。難民の流出とそれへの反発も生じるかもしれない。また、麻薬ビジネス（GDPの1割強、世界中に流通するケシの8割以上を生産）が、さらに勢いを得る可能性もある。また、中国やロシアは早速タリバンに接近している。

バイデン流の「アメリカ・ファースト」

「アメリカの最も長い戦争」を20年以内、すなわち、2021年9月11日までに終らせる――バイデン大統領がこれに固執したため、米軍の撤退が拙速になったことは否定できまい。とはいえ、「テロとの闘い」で中東に精力を費やしたために、インド太平洋で中国の台頭を許したという反省から、オバマ政権がすでに「アジア・リバランス」戦略を採用していた。だが、同政権は七〇〇〇億ドル以上の米国債を持つ中国に及び腰で、この戦略は甚だ不十分に終わった。バイデンによる撤退劇は、その遅れた「係《かか》り結び」であった。エネルギー分野のシェール革命で、アメリカの対中東依存が低下したこともこれに与《あずか》っている。トランプはこの拙速な撤退劇を痛烈に批判しているが、それはバイデン流の「アメリカ・ファースト」なのである。外交でも、「トランプのアメリカ」と「バイデンのアメリカ」が微妙に重なり合っている。

１９７０年代には、ニクソン政権はソ連と戦略兵器制限交渉（ＳＡＬＴ）を進める一方で、72年にはニクソンが訪中するなど米中関係をも改善し、米中ソの戦略的三角形をアメリカに有利に操った。ベトナムからの「名誉ある撤退」も、その成果である。こうした大国間の戦略的関係のためなら、ニクソン政権は日本や韓国、西ヨーロッパの同盟諸国との関係を傷つけることも、時として辞さなかった。

この戦略的三角形の変化で最も影響を受けたのは、台湾であろう。１９６９年の日米首脳会談（佐藤栄作首相とニクソン大統領）で「台湾の平和と安全の維持」は「日本の安全にとってきわめて重要な要素」と謳ったにもかかわらず、72年には日本が、79年にはアメリカが中国と国交を樹立して、台湾と断交したのである。

だが、アメリカが戦略的三角形を弄《もてあそ》んでも米ソのデタントは維持できず、1979年末のソ連によるアフガニスタン侵攻で、米ソ関係は新冷戦と呼ばれる状態に陥った。89年の天安門事件で、米中関係にもヒビが入った。やがて、新冷戦は終わり、冷戦そのものも終焉するが、それはソ連の過剰な軍拡、経済破綻、改革の失敗という、「敵失」によるところが大きかった。

今日、戦略的三角形も台湾問題も、再び大きく変化しつつある。

トランプ政権で最初の国防戦略(2018年)は、中ロ両国を「長期的な戦略的競争相手」と明確に位置づけた。19年には、米ロ間の中距離核戦力(INF)全廃条約(1987年)が失効した。バイデン政権は米ロ間の戦略的安定をめざしながら、中国を「唯一の競争相手」(「国家安全保障戦略」の暫定指針)と見なしている。他方で、中ロ両国は戦略的な協力関係を深めている。バイデンが言う「専制主義と民主主義の闘い」、つまり、戦略的三角形は、アメリカに不利な形で再び変化しつつある。トランプ政権時に傷ついた同盟諸国との信頼関係を修復し強化することが、戦略的三角形への重要な補助線となろう。

台湾の戦略的重要性にも、再び変化が生じている。２０２１年４月に菅義偉首相が訪米してバイデン大統領との首脳会談に臨んだが、その後の日米共同声明では「台湾海峡の平和と安定の重要性を強調するとともに、両岸問題の平和的解決を促す」と明記された。日米共同声明が台湾に言及するのは半世紀ぶりであり、アメリカの対中関与政策の歴史的転換の帰結であった。戦略的な観点のみならず、今や台湾は自由や民主主義の砦としての象徴的重要性を増している。なにかと対立する連邦議会でも、台湾支援は超党派の合意になっている。

トランプは「戦略なきニクソン」だった

指導者のレベルでも、「反共の闘士」として知られるように、ニクソンは敵を見出して対立と憎悪を煽る政治家であった。公然たる嘘も辞さなかった。また、一世紀ぶりに大統領として弾劾の淵に立った。いずれも、トランプとよく似ている。だが、ニクソンは戦略的三角形を操る戦略家であり、孤立主義と戦ってきた。トランプはその時々の「ディール」に熱狂する「セールスマン」（長期的な信用を重んじないという意味で、「ビジネスマン」ですらない）

であり、孤立主義を政治的な糧として利用しさえした。しかも、トランプにはキッシンジャーはいなかった。トランプは「戦略なきニクソン」であった。

ニクソン失脚の後には、フォード、カーターと短命で弱い大統領が続いた。フォードは政治経験豊かだったが、ニクソン辞任で大統領に昇格したため、政治的正当性が乏しかった。逆に、カーターには政治経験が欠如していた。彼らの下で、アメリカはソ連との新冷戦へと向かったのである。バイデンは政治経験豊かだが、高齢である。

1980年代には、「強いアメリカ」を標榜するレーガンが登場し、「アメリカの朝」が戻って来た。これがレーガン陣営のストーリーである。84年のロサンジェルス・オリンピックとレーガンの圧倒的な再選は、その証しであった。再選を果たしたレーガンは、ソ連のミハイル・ゴルバチョフ書記長と大胆な和解を試み、保守派の一部からは裏切り者とさえ呼ばれたが、怯《ひる》まなかった。

アメリカは国内対立を抱えながらも活力を回復したが、ソ連は60年を超える共産党支配で疲弊し、大韓航空機撃墜事件やチェルノブイリ原子力発電所事故などの失敗を繰り返した。アフガニスタン侵攻も長期化し、ソ連の「ベトナム」になっていった。さらに、人口減少や原油価格の下落が重なった。ゴルバチョフ書記長が改革に着手したものの、アメリカとの妥協は不可避で、87年末には先述のＩＮＦ全廃条約の締結に至った。ここに新冷戦は終わったと見てよい。

冷戦の初期に似た状況

では、今後の米中関係はどうなるのか。アメリカが国内対立を抱えながらも、バイデン政権の「中間層のための外交」がめざすように、インフラ整備や教育、科学技術への投資で活力を回復し、同盟国との関係を強化すると想定しよう。そこに、中国が70年を超える共産党支配の下で硬直化し失策を重ねれば、米中対立もかつての米ソのデタントのように穏健化するか、その後の新冷戦のように短期で終息するのかもしれない。

このように、１９７０年代とのアナロジーは、楽観的なシナリオにたどり着く。しかし、それには三つの条件が必要である。

第一に、アメリカの国内対立がある程度は抑えられることである。これがほとんど改善しないか、むしろ悪化すれば、中国との競争を短期に穏便に乗り切ることは困難である。

第二に、トランプ後、バイデン後に、第二のレーガンが登場することである。つまり、孤立主義や衰退論を退け、大きな外交目標を提示できる指導者である。しかも、時には大胆に妥協ができなければならない。

そして第三に、中国が末期のソ連のように政治的、経済的な失点を繰り返すことである。コロナ禍下での「戦狼外交」や巨大不動産会社・恒大集団の債務危機のように、その兆しはある。やがて、習近平の新文化大革命路線が挫折するかもしれない。だが、「ペレストロイカ」を図ったゴルバチョフ政権よりも、ＡＩやＩＣＴを統治に活用する習近平体制は今のところはるかに強靭《きょうじん》である。

これらの条件を満たさなければ、米中関係はそう簡単には穏便に終息すまい。

しかも、これらの条件を満たすことは、決して容易ではない。

２０２２年の中間選挙で「トリプル・ブルー」の一角が崩れれば、24年の大統領選挙を念頭に党派対立は激化しよう。バイデン大統領は高齢の上、アフガニスタン撤退で支持率が急落した。バイデンが大統領再選をめざさない場合、ハリス副大統領は有力な後継者の一人となろうが、彼女こそ「アイデンティティ・ポリティックス」の体現者であり、保守派は集中攻撃するであろう。共和党からは、第二のトランプが登場するかもしれないが、トランプの強烈な「プロレス政治」を模倣できる者は、そう多くはあるまい。本人の再登板には、年齢やスキャンダルという難問がつきまとう。内政の混乱は、少なくとも今しばらくは続きそうである。

米ソのデタントでは、核の軍備管理という「中心のデタント」が発展途上国などでの現状維持という「周辺のデタント」に連動するという「リンケージ戦略」を、アメリカは想定していた。だが、ソ連はこの想定を共有していなかった。そのため、デタントは短命で新冷戦に道を譲った。バイデン政権やその後の米政権も、地球環境問題や公衆衛生、感染症対策などでは米中協力が可能であり、それが他の領域に拡大することを期待するかもしれないが、ソ連以上に、中国はしたたかである。しかも、１９７０年代からソ連経済は落日を迎えていたが、中国経済は様々な問題を抱えながら、依然として盛強である。

かつての米ソ新冷戦は、より長期で構造的な冷戦の最終局面にすぎなかった。今日の米中対立も、相当に長期化するかもしれない。とすれば、われわれは１９７０年代よりも、冷戦の初期に似た状況に立ち合っているのではないか。もとより、冷戦の起源に立ち合った当事者はもうほとんどいなくなったが、長期にわたる米ソ冷戦の様々な局面に関与した政策エリートは数多い。彼らにとって、冷戦は受け入れやすい歴史のアナロジーであろう。

X論文と「冷戦の宣戦布告」

アメリカとソ連はまったく異なる政治経済体制にあったが、第二次世界大戦では、ナチス・ドイツや日本、イタリアなどの枢軸国を打倒すべく、同盟関係を結んだ。だが、大戦が終結すると、両国の対立が徐々に顕著になっていった。

1946年2月22日のワシントン生誕記念日に、モスクワ勤務の外交官ジョージ・ケナンが8000語に及ぶ「長文の電報」をワシントンに送り、「ロシアの伝統的、本能的な不安感」にソ連の対外行動の源泉を求めながら、「国際共産主義は病気の細胞組織にのみ繁殖する悪性の寄生菌のようなもの」と疾病メタファーを適用した。翌月には、訪米中のチャーチル前イギリス首相も、ソ連の東欧支配を非難して、「今やバルト海のシュテッティンからアドリア海のトリエステまで、鉄のカーテンが張りめぐらされている」と、有名な「鉄のカーテン」演説を行った。

さらに、ケナンは『フォーリン・アフェアーズ』誌（１９４７年７月号）に、ミスターＸなる匿名で「ソ連の行動の源泉」という論文を寄稿した。ソ連の指導者は「外部世界は敵対的であり、究極的には国境外での政治勢力を打倒するのが彼らの義務」と信じていると述べ、アメリカの対ソ政策は「ソ連の膨張傾向に対する長期の辛抱強い、しかも確固とした注意深い封じ込め」でなければならない、と論じた。このX論文によって、「封じ込め」という刺激的な言葉が一躍アメリカ外交のキーワードになった。

１９４７年3月には、「冷戦の宣戦布告」がなされた。トルーマン・ドクトリンである。ハリー・トルーマン大統領が自由と圧制という「二つの生活様式」の選択を説き、「武装した少数者または外部の圧力による征服の企てに抵抗している自由な諸国民を支援することが、合衆国の政策でなければならない」と語ったのである。これはギリシアとトルコへの軍事援助を連邦議会に要請するためのものであったが、その連邦議会では久しぶりに共和党が多数を制していた。トルーマン（民主党）はアメリカが再び孤立主義に陥ることを恐れて、善悪二分法による極端なレトリックで議会と世論を説得したのである。

１９４８年にはチェコスロバキアで共産主義クーデターが起こり、ソ連が西ベルリンを封鎖した。翌49年には、アメリカが西ヨーロッパ諸国と北大西洋条約機構（ＮＡＴＯ）を結成し、ソ連が原爆実験に成功した。中国大陸も共産党の手に落ち、中華人民共和国が成立した。このように、国際政治の現実がトルーマン・ドクトリンのレトリックを追認していった。だが実際には、米ソ双方とも、全面対決の決意も準備も、まだ固まっていなかった。

ところが、意外なところで冷戦は熱戦と化した。１９５０年に朝鮮戦争が勃発したのである。アメリカが水素爆弾の開発に踏み切り、国防予算を大幅に増額させたのは、朝鮮戦争という「冷戦の真珠湾」（永井陽之助）の衝撃のゆえである。これに中国が参戦したため、米中対立が決定的となった。

やがて、ドイツや朝鮮半島、インドシナで分断が固定化し、米ソ双方が膨大な核兵器と巨大な通常兵器をもってにらみ合う状態になった。ここに「冷戦の戦われ方」が当事者双方に明確に認識されるようなり、冷戦は安定化しつつ長期化していった。

この間、アメリカの政治経済体制は、国家安全保障を最優先する「安全保障国家」に再編されていった。国防省や中央情報局（ＣＩＡ）、国家安全保障会議（ＮＳＣ）が設置されたのは、この一環である。また、一時期には、政府のみならず社会全体で共産主義分子を摘発する「赤狩り」が横行した。「ソビエト共産主義というこの問題と取り組むにあたり、われわれに降りかかりかねない最大の危険は、われわれが取り組んでいる当の相手のようになるのを、みずからに許すことであろう」と、ケナンは警告していた。

対中強硬論の「冷戦コンセンサス」

他方で、国内政治では、連邦議会で民主党の優位が概ね続きつつ、外交や安全保障政策では大統領を尊重する「冷戦コンセンサス」が存在した。そして、戦後の歴代大統領は孤立主義を排して、アメリカの国際的リーダーシップを追求してきた。

先述のように、冷戦の後半には、アメリカは戦略的三角形を有利に変容させるべく、中国との関係改善を図った。「チャイナ・カード」が弄ばれたのである。中ソ対立を抱える中国も、アメリカに頼った。しかし、1989年には天安門事件が起こり、米中関係は冷え込み、中国は国際的に孤立した。さらに、91年にソ連が崩壊すると、「チャイナ・カード」は利用価値を失った。

そこで、鄧小平の下の中国は、アメリカへの宥和路線を示した。いわゆる「韜光養晦《とうこうようかい》」である。鄧は97年に死去したが、中国は2001年に世界貿易機関（WTO）への加盟を実現した。やがて、中国経済は急速に台頭し、10年にはGDPで日本を抜き、世界第二の経済大国になった。

この間、アメリカは対テロ戦争やリーマン・ショックで国力を損耗していった。他方で、中国は経済力を背景に急速な軍拡を続けた。その軍事費は、過去10年で2・3倍に膨れ上がっている。オバマ政権が「アジア・リバランス」戦略を採った所以である。2018年には、マイケル・ペンス副大統領は「邪悪な中国共産党」とすら述べた。このペンス演説などは、トルーマン・ドクトリンに匹敵するのかもしれない。先述のように、「民主主義」対「専制主義」といったレトリックは、バイデン政権でも繰り返されている。また、「冷たい内戦」は熾烈だが、対中強硬論では「冷戦コンセンサス」が狭いながらも形成されている。

共通の敵を喪失して米ソが冷戦に突入したように、米中も共通の敵（ソ連）を失った頃から距離を広げていった。また、米ソと同様に、米中にも自由や民主主義、人権といった価値観で根本的な相違がある。さらに、米中対立もアジアを超えて、グローバル化している。

ソ連と違って、中国には同盟国がないし、自国の政治制度や価値観を海外に輸出しようとはしていないといった指摘もある。しかし、冷戦初期と主従関係を逆転させながら、中ロ関係は反米同盟として機能している。そこに、イランやパキスタンも加わるかもしれない。中国型の専制政治による効率性を模倣する国も、少なくない。

今のアメリカには、冷戦時の「封じ込め戦略」のような長期的な戦略がない、と批判する者もある。だが、アメリカの対ソ政策も、試行錯誤を重ねながら時間をかけて形成されていった。「封じ込め」が何を意味するかについてすら、当初は混乱が続いたのである。近年の歴史研究は、冷戦の起源がきわめて複雑であったことを教えている。例えば、米ソ対立の起源をロシア革命どころか、19世紀末の資本主義のグローバル化にまで遡る論者や、冷戦初期のイギリスの役割を米ソに次ぐ「極」として重視する論者などもいる。

また、冷戦期のアメリカはリベラルな国際秩序を守ろうとしたが、トランプのアメリカはこの秩序を破壊しようとしたという議論もある。冷戦の起源をめぐる議論でも、ソ連の拡張主義に原因を求める伝統派に対して、アメリカの拡張主義こそが原因だったとする修正派が台頭した。ベトナム戦争の泥沼化が、修正主義の背景をなす。今日の米中関係の悪化についても、中国の行動により大きな責任があるとする伝統派と、トランプ政権の対応を問題視する修正派が対立するかもしれない。

さらに、米ソ両国以外にイギリスが冷戦の起源に重要な役割を果たしていたのだとすれば、今後の米中関係には、イギリス同様にアメリカの同盟国であり海洋国家である日本が、重要な役割を果たすことになるのかもしれない。この点については、第6、7章で改めて検討しよう。

経済的相互依存のゆえに危険

2020年4月に、アメリカの保守系の外交専門誌『アメリカン・インタレスト』に、「匿名の日本政府」の一員がYAの名前で日米関係についての論文を発表した。トランプ外交は素人的と見られがちだが、対中政策ではオバマ前政権よりもはるかに一貫して強硬であり、日本の利益に適っている、とYAは論じている。論文のタイトルも「敵対的な対中政策の美徳」と刺激的である。これなども、ケナンのX論文を意識したものであろう。日本政府の中にも、冷戦とのアナロジーが浸透しつつあるのかもしれない。

おそらく、米ソ冷戦と今日の米中関係の根本的な相違は、軍事だけでなく経済にも競争と対立が広がっている点である。経済的相互依存のゆえに、米中関係は破局には至らない、否、至れないと見ることもできる。

だが、だからこそ、アメリカにとって、中国はソ連以上に危険だとも議論できる。1980年のソ連の軍事費（実質）はアメリカの1・4倍になっており、ヨーロッパでの通常戦力でも中距離核戦力でもアメリカを凌いでいた。また、同年の日本のGDP（名目）はアメリカの4割に迫っていた。これが88年にはほぼ6割に達する。つまり、アメリカにとって、今日の中国は80年代のソ連の軍事的脅威と日本の経済的脅威の合算のようなものである。

「ソビエトの社会がやがて自分の潜在力全体を弱めてしまうような欠陥をその内にふくんでいる」、「ソビエトの権力は、……その内部に自分を亡ぼす種をふくんでおり、この種の発芽がかなり進行している」と、X論文は指摘していた。その予想通り、ソ連は内部崩壊した。だが、それには半世紀近い歳月を要したのである。たとえアメリカが「冷たい内戦」を克服して幅広い「冷戦コンセンサス」を固め、同盟諸国と協力して対中「封じ込め」戦略を推し進めても、中国がAI化やICT化で人口減少などの問題を補えば、米中冷戦の終焉にも数十年を要するかもしれない。

新X論文

2021年1月に、アメリカのシンクタンク、大西洋評議会から、匿名の著者による「より長文の電報」という対中政策の論文が発表された。明らかに、ケナンによる「長文の電報」とX論文を前提にしている。いわば新X論文である。

この論文は、大量破壊兵器の使用や台湾攻撃、東シナ海や尖閣諸島周辺での自衛隊への攻撃など、中国に超えてはならない「レッドライン」を明示すべきだと説く。他方、9600万人の党員を擁する中国共産党を打倒することは、現実的な政策目標ではない。そこで、習近平の独裁体制に焦点を絞って、中国国内の反習勢力に働きかけ、中国を習体制以前に戻すことをアメリカの目標にすべきだ、と新X論文は論じている。この限定的な目標達成ですら、長期にわたる忍耐と強い覚悟が必要となろう。

2021年9月にアメリカのABCテレビと『ワシントン・ポスト』が共同で実施した世論調査によると、アメリカがより安全になったと答えた者は49%で、10年前より15ポイント減少している。11年には、アメリカはオサマ・ビン・ラディンを殺害し、イラクから撤収した。シリアでの化学兵器の使用も、イラクでのイスラム国の勢力拡大も、ロシアのクリミア侵攻も、まだ先の話であった。中国の胡錦濤体制も国内である程度の多元化を認め、国際協調にも背を向けてはいなかった。中国の軍事費は今の半分であった。ふり返ってみると、わずか10年前は夢のような時代だったのである。

新X論文がめざす米中関係の着地点は、この頃の世界のイメージかもしれない。もとより、アメリカが単独で「世界の警察官」を再演することはできまいが、有能な「消防士」（火消し役）なら十分に果たせるかもしれない。

「危機の20年」再来？

では、今後の米中関係が新冷戦よりも長期化し、冷戦とも異なって破局に至る可能性はなかろうか。米ソ冷戦下でも、１９６２年のキューバ・ミサイル危機のような一触即発の危機は何度も起きている。そこで登場するのが、第一次世界大戦と第二次世界大戦の間の戦間期、つまりイギリスの歴史家Ｅ・Ｈ・カーが「危機の20年」と呼んだ時期との歴史のアナロジーである。この時期を体験した者は今や少数だが、結末が破局だけに、歴史のアナロジーとしては鮮烈である。

第一次世界大戦は1914―18年まで4年3カ月にわたって続き、800万人もの戦死者を出した。10年にはイギリスの作家ノーマン・エンジェルが『大いなる幻想』を発表して、経済的な相互依存のゆえに戦争はまったく無益であると説き、戦争を「大いなる幻想」と呼んでいた。のちに、エンジェルはノーベル平和賞まで受賞している。だが、戦争がまだ「大いなる幻想」ではないことを、歴史は残酷に証明した。人類は史上初の総力戦を経験することになった。ヨーロッパでは、今でも「大戦争」（ザ・グレート・ウォー）と言えば第一次大戦を意味する。ただし、この大戦の半ばから拡がったスペイン風邪は、さらにその数倍の人命を奪った。

戦争の帰趨を決したのは、新興の大国アメリカが1917年に参戦したことである。すでに19世紀末にアメリカは工業生産力でイギリスを凌駕しており、参戦時には9000万人を超える人口を擁していた。参戦すると、アメリカは短期間に400万人の兵力を動員し、うち200万人が大西洋を渡った。

アメリカのウィルソン大統領は勢力均衡を超克して恒久の世界平和を実現すべく、国際連盟の創設を提唱した。しかし、連邦議会上院で支持を得られず、当のアメリカが国際連盟に加盟できなかった。以後、アメリカは国際政治への明示的な関与を避けて内向化していく。ウィルソン後には、共和党の短命政権が続いた。共和党は「何物も忘れず、何物も学ばなかった」と、歴史家のサムエル・モリソンは、その保守性を酷評している。

兵力も急速に削減された。戦間期のアメリカの職業軍人たちは「患者のいない医者の生涯」（C・ライト・ミルズ）のようであり、「陸軍の主たる敵は退屈と借金」（ロナルド・スペクター）という有様であった。

他方、アメリカ経済は好調が続き、1929年には国民の5人に1人が自動車を保有するほどになった（日本がこの水準に達したのは、1970年代である）。しかし、世界大恐慌が起こると、わずか4年でアメリカの国民総生産（GNP）は実質で7割、名目で半分に減少し、全労働者の4人に1人が失業することになった。

当然、アメリカはますます内向きになっていった。ハーディングは、「アメリカ・ファースト」を大統領選挙のスローガンにした。そのハーディング政権ですら、東アジアでは日欧とともにワシントン体制と呼ばれる国際秩序を維持していた。だが、1930年代には孤立主義が顕著になり、ヨーロッパで戦争が起きると、ついに「アメリカ・ファースト」委員会が結成されるに至った。努力と才能次第で、より豊かでよりよい生活を送れる――「アメリカン・ドリーム」という言葉が登場したのも、30年代である。つまり、余裕と夢を失ったからこそ、人々は「アメリカ・ファースト」に傾斜し、「アメリカン・ドリーム」を語り出したのである。「アメリカン・ドリーム」が遠のくと、「アメリカ・ファースト」がやって来る。

侵略者の野望は最初の一歩で阻止すべし――「ミュンヘンの教訓」

ヨーロッパでは敗戦国ドイツがベルサイユ条約の下で過酷な賠償に苦しみ、さらに世界大恐慌に直撃された。そこで、ベルサイユ体制打倒、反ユダヤ主義、反共主義を唱えるアドルフ・ヒトラーの国家社会主義ドイツ労働者党（ナチス）が、1933年に政権を獲得した。これに先立つ25年には、イタリアでは国家ファシスト党のベニート・ムッソリーニが権力を掌握していた。アメリカ国内でも、移民制限が強化され、『有色人の台頭』（1920年）といった書物が広く読まれた。やがて、白人至上主義のＫＫＫが復活し、「新しいドイツの友」

や「銀シャツ隊」といったファシスト組織すら台頭した。

戦勝国であるイギリスやフランスは１９２０年代にドイツに厳しく当たりながら、ヒトラーには有和政策を採った。英仏も世界大恐慌に苦しんでいたし、ヒトラーのドイツがソ連共産主義勢力を抑制することも期待していた。ヒトラーは民族自決の原則を逆手にとってオーストリアを併合し、チェコスロバキアを占領した。近隣諸国を個別に切り崩す「サラミ戦術」であり、ドイツ民族の「生存圏《レーベンスラウム》」確保が目的である。

英仏はチェコスロバキアに防衛義務を負っていたが、両国の首相はミュンヘンでヒトラー、ムッソリーニと会談し、戦争回避のために小国を裏切った。侵略者の野望は最初の一歩で阻止すべし――この時の失敗が「ミュンヘンの教訓」となり、アメリカは後に朝鮮戦争に早期介入した。歴史のアナロジーが持つ力である。

１９３９年９月に、ヒトラーはさらにポーランドに侵攻した。さすがに英仏はポーランド防衛のために立ち上がり、第二次世界大戦が勃発した。英仏は敗戦国ドイツを寛大に抱擁すべき時に拒絶し、侵略者ヒトラーを阻止すべき時に宥和して、戦争を呼び込んだことになる。ベルサイユ講和条約の失敗を念頭に、Ｅ・Ｈ・カーは著書『危機の20年』を「来るべき講和の担い手に」捧げているから、この開戦を予見していたのである。

1941年6月には、ドイツはソ連にも侵攻し、同年末には、日本が真珠湾を奇襲攻撃して日米も開戦した。さすがに、「アメリカ・ファースト」委員会も解散に追い込まれた。当初、ドイツは機甲師団による「電撃戦」で連戦連勝だったが、42年6月のスターリングラードの戦いで独ソ戦の攻守が逆転した。44年にはアメリカを中心とした連合軍がフランス北西部のノルマンディーに上陸して、45年5月にドイツは無条件降伏した。広島、長崎への原子爆弾の投下を経て、8月には日本も同じ道をたどった。

「懸念される10年」

さて、スペイン風邪以来のパンデミックが世界を覆う中で、21世紀の米中関係である。

先述のように、2010年に中国のGDPが日本を抜き、中国が世界第二の経済大国になった。12年には習近平が中国共産党総書記となり、翌年に国家主席にも就任した。「中華民族の偉大な復興という中国の夢」を実現すると、新国家主席は語った。15年には「中国製造2025」が発表され、25年までに次世代情報技術などの分野で「世界の製造強国の仲間入り」を果たし、建国１００周年に当たる49年には「製造強国の先頭グループ入り」をめざすとされた。

　また、２０１６年にハーグの常設仲介裁判所が中国の南シナ海に対する領有権の主張を退けると、中国の外交当局は判決を「紙くずにすぎない」と断じた。中国は海警局を再編・強化するなどして、その後も挑発的な拡張主義をとり続けている。尖閣諸島周辺も、その舞台である。そして18年に中国憲法が改正され、国家主席の任期を2期（10年）までとする規定が削除された。習近平による長期政権への道が拓けたのである。最近では、習政権は毛沢東並みの思想統制を強め、香港の民主化運動を封殺して、台湾統一のための武力行使の可能性にすら言及している。

　もとより、中国はドイツのような敗戦国ではないが、西洋列強や日本による半植民地化という歴史の怨嗟を統治の糧とし、急速に国力を増強させつつある現状変更勢力である。ドイツの「生存圏《レーベンスラウム》」が中国の「一帯一路」（ますます互恵性がなくなれば）、ドイツの電撃戦が中国のサイバー・電磁波攻撃や宇宙での軍拡に相当するかもしれない。ナチス・ドイツが国家社会主義なら、中国は国家資本主義である。ゲシュタポの代わりに、中国では2億台を超える監視カメラが市民を見張っている。また、新疆・ウイグル再教育収容所は、ナチス・ドイツによるユダヤ人強制収容所さえ連想させる。さらに、中国がアメリカとの正面衝突を避けながら、近隣の弱小国を相手に勢力を拡大する様子も、ドイツの「サラミ戦術」と類似している。こうした中国の動向に対して、アメリカは警戒感を強めているが、数年前まではるかに宥和的であった。

中国研究者の中には、２０２０—30年を「懸念される10年」と呼ぶ者もいる。中国がさらに軍事力を強化して、対米優位に立つかもしれないというのである。またこの間に、中国が台湾に武力侵攻すると警告する軍事専門家もいる。アメリカの大型空母が無数のドローンに屠《ほふ》られる——軍事技術の革新は、戦争や戦闘のあり方を抜本的に変えようとしている。

長期的な悲観論と短期的な楽観論

さらに、その先はどうか。２０２８年には、ロサンジェルス・オリンピックが開かれる。ロサンジェルスにとっては84年以来44年ぶり3度目のオリンピック開催となる。前回のロサンジェルス・オリンピックは、「強いアメリカ」の復活を象徴するイベントであった。だが、次にロサンジェルス・オリンピックが開催される頃には、中国がGDPでアメリカを凌ぎ、世界一の経済大国となっている。それでも、1人当たりのGDPでは、中国はアメリカの4分の1以下にとどまる。

実に、歴史とは一筋縄でいかないものである。その頃には、インドの人口が中国のそれを抜く。つまり、中国は世界一の経済大国になる頃に、世界一の人口大国の地位を失う。さらに、ほぼ同じ頃に、インドのGDPが日本のそれを凌駕する。

人口動態は国力の鍵であり、国際政治のパワー・ゲームを大きく左右する。中国では、経済を支える生産人口（通常は15―64歳、中国では15―60歳）が2015年をピークにすでに減少している。15年を基点にすると、30年までにおよそ1億人の生産人口が減ると見られている。21年5月に公表された国勢調査によると、中国の人口は14億1000万人だが、実際にはすでに14億人を大きく下回っていると見られている。さらに、合計特殊出生率（1人の女性が一生に産む子供の数。2・07で人口規模を維持できるとされる）は、実に1・3まで落ち込んでいる。これは少子化に苦しむ日本の1・36よりもまだ低い（世界最低は韓国の0・84、ソウルに限ると0・64）。豊かになる前に老いはじめる――中国人の恐れる「未富先老」が現実のものになりつつある。

中国が経済で世界一になり軍事でアメリカに肉薄しながら、少子高齢化に苦しむ——つまり、中国が最も強くて脆《もろ》い時期が2028年頃から20年ほど続く。先述のように、2049年は中国建国100周年である。中国はそれまでにアメリカをあらゆる分野で追い越して、21世紀を「中国の世紀」にすべく「100年のマラソン」を走っている。人口動態の負荷を、中国はAIやICTで乗り越えようとしているが、果たして間に合うのか。同時に進む貧富の格差や環境破壊、天然資源の枯渇に対応できるか。

対するアメリカでも少子化は進むが、大量の移民が流入するため人口は増え続け、2050年には3億8000万人と、今より5000万人も多くなる。しかも、大学・大学院卒業の高学歴者の数では世界一である。だが、前章で見たように、そのアメリカも「冷たい内戦」を抱え込んでいる。戦間期のように移民排斥や白人至上主義の台頭もあり、米中対立とコロナ禍のためにアジア人差別も勢いを得ている。

このように、米中両国が国内に脆弱性を抱えながら鋭く対立する「危機の20年」が、「懸念される10年」に続くのかもしれない。『タイム』誌の創刊者ヘンリー・ルースが「20世紀はアメリカの世紀」と喝破した1941年に、日本は真珠湾を奇襲攻撃した。この時のアメリカの経済力は購買力平価で日本の６倍、ドイツの３倍であった。冷戦が顕在化した47年にも、アメリカの経済力はソ連の３倍を超えていた。それらに比べれば、現在の米中関係ははるかに切迫した競争関係にある。

現状維持勢力であるアメリカが「冷たい内戦」を終息させ、同盟国と協力して対中優位を維持すれば、「懸念」と「危機」は乗り越えられる。しかし、現状変更勢力である中国が国内的な大混乱に陥って暴走したり、強引に対米優位をめざしたりすれば、「懸念」と「危機」は現実のものとなろう。あるいは、チェコを見捨てた英仏がポーランド防衛に立ち上がるはずはないとヒトラーが誤解したように、中国がアメリカの台湾防衛の決意を読み誤るかもしれない。ジリ貧の日本が真珠湾奇襲攻撃に打って出たように、中国が長期的な悲観論と短期的な楽観論から冒険主義に出るかもしれない。

未来投射能力がますます重要に

以上、1970年代（それに続く新冷戦）、冷戦、「危機の20年」（戦間期）と、楽観的なものから悲観的なものまで三つの歴史のアナロジーをたどってみた。アメリカ側では「冷たい内戦」終息の程度と時期、同盟諸国との関係強化、中国側では国内的な脆弱性と外交的失点――これらが米中関係の将来を大きく規定する変数である。ごく単純に言えば、米中のいずれか一方が内政と外交で成功し、他方が両方で失敗すれば、雌雄は決する。そうすれば、米中関係は比較的短期に穏健化して新冷戦型になろう。逆に、両国の内政が不安定の度を増して外交でも誤算を重ねれば、破局に至る戦間期型になるかもしれない。この中間で、両者の内政は安定しないが、外交上の「戦い方」がルール化されれば、対立が長期化しながら破局を回避し冷戦型になりえる。

民主主義国であるため、アメリカの外交は内政に大きく拘束される。「冷たい内戦」の続く内政では、「トランプのアメリカ」の色彩がまだまだ強い。外交でも対中強硬姿勢はトランプからの継承だが、同盟国重視など「バイデンのアメリカ」の側面も広がっている。2022年の中間選挙で民主党が勝利し、「中間層のための外交」が功を奏して内政にも波及するのか――「トランプのアメリカ」と「バイデンのアメリカ」のせめぎ合いは続く。

上述のどの歴史のアナロジーがより妥当性を持つかは、この攻防に多分に左右されよう。

ただし、歴史のアナロジーが人々の思考を支配し、将来についての柔軟性を奪う危険性もある。いわゆる自己実現的予言である。習近平はゴルバチョフのような改革派とは程遠いが、スターリンや毛沢東、ヒトラーよりは国際的な世論や規範、経済の相互依存に制約されている。「歴史は韻を踏む」（トウェイン）かもしれないが、単純には繰り返さない。

また、様々な情報や統計が氾濫する今日、経済や人口、軍事技術などについての未来予測が盛んである。その分、自国に有利な未来予測を説得的に提示できる能力が重要となる。戦後長らく、アメリカは空母や海兵隊などで海外に戦力を投入する能力（戦力投射能力）で圧倒的な優勢にあった。今後は未来を有利に描く能力（未来投射能力）がますます重要になろう。中国はこれに長けている。

Ｅ・Ｈ・カーは、「歴史とは過去と現在との生き生きとした対話である」と説いた。今われわれに求められているのは、過去と未来の双方との生き生きとした対話である。過去に思考を支配される自己実現的予言と未来投射能力に翻弄される危険の狭間を、われわれは忍耐と覚悟を持って、歩んでいかなければならない。

第6章

日本の難問——朝鮮半島情勢

優先順位の設定がますます深刻に

日本にとって、2018年は明治維新の150周年に当たった。150年前の日本は西洋列強の進出に直面し、独立存亡を問われる小国にすぎなかった。しかし、それからわずか50年の間に、日本は日清戦争、日露戦争、さらに第一次世界大戦で戦勝国となり、国際連盟の常任理事国の地位を手に入れ、当時の表現を用いれば「一等国」に列した。今から100年前のことである。

だがその後、日本は第二次世界大戦に敗れてすべてを失い、一時はアメリカに占領された。それが明治維新から100年後、今から約50年前の1968年には、当時の西ドイツを抜いて世界第二の経済大国にまで成長したのである。小説家の司馬遼太郎が『坂の上の雲』の連載を『サンケイ新聞』に開始したのも、この年である。戦後の日本が経済で「坂の上」に登りつめようとする折に、戦前の日本が軍事で「坂の上」に登りつめた物語を国民に提示することで、歴史の教訓を与えようとしたものである。

しかし、2010年には、日本は世界第二の経済大国の地位を中国に譲り渡した。日本が明治維新から100年目で世界第二の経済大国になったように、中国も辛亥革命（1911年）からほぼ100年目に世界第二の経済大国の地位を手にしたのである。いわば、パラレル・ヒストリーである。

だが、同じなのはここまでで、やがて2028年頃には、中国はアメリカを抜いて世界一の経済大国になろうとしている。これはもはや経済学の問いではなく、算数の問題である。国防費でも、中国がアメリカを上回るかもしれない。

一方、日本は急速な少子高齢化に直面している。1億2600万人の人口が2050年頃には1億人を割ると予想される。人口の減少は国力の減少につながる。限られた資源で厳しい国際環境にどう対応していくのか——外交・安全保障上の優先順位の設定がますます深刻になっていく。それが現在の日本の立場である。

安易に撤退政策を選挙公約に——カーターの挫折

とりわけ、朝鮮半島情勢は冷戦後に急速に悪化していった。

北朝鮮による核開発や相次ぐミサイル発射実験は、日本の安全保障にとって死活的な意味を持つ。これらの解決には、長い月日を要するであろう。その間に懸念されることは、米朝関係と南北関係の変化である。ここで歴史をふり返ってみよう。

「諸君は本当に反対なのか」

今から40年近く前の1979年6月30日、ソウルで韓国の朴正熙《パクチヨンヒ》大統領との会見を終えて米大使館に戻る車中で、ジミー・カーター大統領は、怒気を含んで側近たちに尋ねた。

「日韓両国との協議ののち、在韓米地上軍を4―5年内に慎重かつ秩序正しく撤退させる」――76年の大統領選挙で彼が公約した撤退政策は、内外で強い反対に直面していた。

「反対です、大統領閣下」

気まずい沈黙ののち、ウィリアム・グライスティーン駐韓米大使が口火を切った。同乗していた他の側近たちもこれに続いた。帰国後、大統領はこの撤退政策を次期大統領選挙後の81年まで延期すると発表した。80年の選挙では、カーターは共和党のロナルド・レーガン候補に惨敗した（拙著『大統領の挫折――カーター政権の在韓米軍撤退政策』有斐閣、1998年）。

なぜカーターは在韓米軍の撤退を企図し、挫折したのか。筆者の20年前の疑問は、今日でも意味があるようである。

「35億ドル、兵員2万８０００人だぞ」トランプは、本気で激怒していた。「駐留する理由がわからない。ぜんぶこっちへ呼び戻せ！」

「では、大統領」コーン［国家経済会議委員長］がいった。「夜に安心して眠るために、その地域になにが必要になるのですか？」

ジミー・カーター大統領（GRANGER/時事通信フォト）

「なにも必要ない」トランプはいった。「それに、私は赤ん坊みたいにぐっすり眠れる」

プリーバス［大統領首席補佐官］が会議の終了を宣言した。マティス［国防長官］はひどくしおれているようだった（ボブ・ウッドワード、伏見威蕃訳『ＦＥＡＲ 恐怖の男 トランプ政権の真実』日本経済新聞社、2018年)。

カーターは韓国の人権侵害に反発し、小国(当事の韓国)を侮って、安易に撤退政策を選挙公約にした。トランプが問題視していたのは、在韓米軍駐留のコストである。アメリカ外交の文脈では、二人とも孤立主義的であり、ワシントン・アウトサイダーという点も共通している。しかし、トランプはカーターより感情的で、側近や実務家たちの意見に耳を傾けない傾向が強かった。

日米軍基地が国連軍基地として機能しなくなる

しかも、カーターの時代と異なり、北朝鮮は核保有国であり、今や米朝は直接交渉している。アメリカは目下、米韓合同軍事演習も中止している。韓国も南北和解に前のめりになっている。2018年6月にシンガポールで行なわれた史上初の米朝首脳会談は、明らかに準備不足であり、両首脳にとって会談そのものが自己目的化していた。

中国や韓国は北朝鮮への経済制裁の緩和を求めているが、北朝鮮が非核化に向けての具体的な行動をとらないかぎり、国際連合安全保障理事会決議に基づく経済制裁を緩めるわけにはいかない。

だが、もし北朝鮮が非核化への工程表を示して具体的な行動をとり、アメリカ本土を射程に収めた長距離ミサイルの廃棄を進めれば、南北とアメリカの間で朝鮮戦争の終結宣言を発する方向に向かうかもしれない。これは2018年4月に、韓国の文在寅大統領と北朝鮮労働党の金正恩委員長が会談した際に発した板門店宣言にも謳われている。ただし、朝鮮戦争時の国連軍には、アメリカを含む18カ国が参加しているから、終戦宣言には国際法上の様々な議論があろう。

また、朝鮮戦争が法的に終結すれば、朝鮮国連軍は使命を失うから、横田など7カ所の在日米軍基地は国連軍基地として機能しなくなる。そのため、在日米軍と在韓米軍の関係に変化が生じるし、在沖縄米軍基地への反対運動も強まろう。また、北朝鮮が経済制裁の網の目をくぐって、石油などを洋上で別の船籍の船に移し替えて密輸する、いわゆる瀬取りが国際的な問題になっている。オーストラリアやカナダ、イギリスなどが、これに警戒活動を行なう際にも、現在は国連軍基地として在日米軍基地が支援しているが、これもできなくなる。

さらに、トランプ大統領の持論であった在韓米軍の撤退や削減が実現していたら、どうなっていたか？　北緯38度線の軍事境界線が、対馬海峡にまで南下していたかもしれない。朝鮮戦争の終結宣言には、東西ドイツ統一並みの多国間外交の努力と調整を要する。

「戦略的忍耐」という無為無策

もとより、１９７０年代末と今日とでは、朝鮮半島を取り巻く国際環境が大きく異なる。第一に、米ソ冷戦は20年近く前に終焉し、今では米中対立が顕在化している。米ソ冷戦にとって正面はヨーロッパであったが、米中対立の正面はインド太平洋である。確かに、「関税男」トランプ大統領は中国に対米貿易黒字の縮小を求めて、経済制裁をしかけた。だが、この米中対立は、中間選挙のためのトランプ大統領の中国叩きといった一過性のものでないことは、明らかである。

すでに２０１７年末に発表された米国家安全保障戦略には、「中国とロシアはアメリカの安全と反映を侵食することで、われわれのパワー、影響力、利益に挑戦している」という、厳しい認識が示されていた。さらに、18年10月にワシントンのハドソン研究所でマイク・ペンス副大統領が行なった演説は、中国をアメリカへの挑戦国と位置づけ、「邪悪な中国共産党」との戦いを呼びかけた。１９４６年にウィンストン・チャーチル前英首相がヨーロッパを分断する「鉄のカーテン」に言及したフルトン演説、あるいは47年のトルーマン・ドクトリンに、このペンス演説は匹敵するという論者もいる。

第5章で検討したように、米中対立が冷戦化するとしても、その起源も一様ではあるまい。アメリカの対中認識は過去20年の間に振幅を繰り返しながら、徐々に厳しいものになっていったのである。ビル・クリントン政権の関与政策は成功せず、ジョージ・ブッシュ政権はテロとの戦いと中東での戦争に国力を消耗させた。この間、中国が「責任あるステークホルダー」になることはなかった。

バラク・オバマ政権は途中からアジア重視の政策を打ち出したが、中国の拡張主義を止めることはできず、朝鮮半島問題でも「戦略的忍耐」という名の下に無為無策であった。経済成長とともに中国がやがて民主化すると期待する者は、共和党か民主党かを問わず、アメリカの政策エリートの中には今やほとんどいない。

朝鮮半島の軍事バランスに敏感な中国

中国はヒラリー・クリントンよりもトランプが御しやすいと考えたであろうし、実際、トランプ政権は混乱をきたした。自信をつけた中国は、中華民族の偉大な復興を謳い、憲法を改定して1期5年2期までだった国家主席の任期を無期限にした。習近平は独裁の色彩を強め、少なくとも国家主席を3期15年は務めようとしている。2035年まで習は権力の座にとどまるとの見方もある。そうなれば習は82歳となり、尊敬する毛沢東の享年と同じ年齢に達する。

人工知能（AI）やビッグデータなど、われわれの眼前に広がる新たな科学技術は様々な可能性を秘めているが、その開発や運用は日本やアメリカのような民主主義国よりも中国やロシアのような非民主主義国に有利である。冷戦期に人工衛星の打ち上げでソ連に先を越されたように、これらの分野で中国に先行される「第二のスプートニク・ショック」を、アメリカは真剣に懸念している。中国の知的財産権の侵害、官民挙げてのサイバー攻撃、不公正な貿易、軍事拡張主義への不満と懸念が、これに重なる。中国に対する敵対的な認識は、トランプ大統領とその周辺を越えて、超党派で確立している。今日のワシントンでは文字通り例外的に、中国問題は超党派なのである。

こうした米中対立の最前線に、朝鮮半島は位置している。例えば、韓国がアメリカのミサイル防衛システムの配備を受け入れたことに、中国が強く反発して、韓国に対して事実上の経済制裁に出た。中国は朝鮮半島の軍事バランスにきわめて敏感なのである。当然、在韓米軍の削減や撤退となれば、対北朝鮮政策をはるかに超えた意味を帯びる。それは東アジア、否、インド太平洋でのアメリカの影響力と信頼性を大きく損ねるであろう。その損失は年間35億ドルの駐留経費をはるかに超えよう。

他方で、アメリカが北朝鮮との関係を改善すれば、北朝鮮の対中国依存度がその分低下し、米中対立の構図でアメリカにより有利な状況が生まれる。つまり、米韓同盟関係を維持しながら、米朝関係を改善することが、トランプ政権の課題のはずであった。実際には、いずれも奏功しなかったが。

２０２２年までの文大統領の任期中に、アメリカは韓国軍に対する戦時作戦指揮権を韓国に移行するか？　もしそうなれば、米韓同盟の構造が大きく変わる。安部晋三首相は、アメリカ、日本、オーストラリア、インドという海洋民主主義国でインド太平洋の平和と繁栄を維持するという安全保障ダイヤモンド構想を提唱してきた。米中ロの戦略的三角形の悪化に対処するものである。今日で言うところのクアッドである。インド太平洋という概念は、すでにアメリカのアジア戦略にも採用されている。

対中政策の一環として、アメリカもクアッドの協力と、さらには、東南アジアでは最大の人口を有する海洋民主主義国インドネシアとの協力を重視している。ただし、米英豪の安保協力・オーカス（ＡＵＫＵＳ、豪英米の頭文字）には、ベトナムやフィリピンとは対照的に、インドネシアやマレーシアは慎重な姿勢を示している。半島国家たる韓国が中国に迎合せず、こうした大きな戦略的構図の中で米韓同盟を安定させるためには、韓国にもより一層の努力が必要であろう。

「分割政府」が出現

次に、アメリカの内政である。

カーターは軍部、議会、メディア、世論の反対に直面して、在韓米軍撤退政策を放棄した。大手メディアが何と言おうと、トランプには「私のメガホン」と呼ぶツィッターがあるし、気に入らない報道は「フェイク・ニュース」と無視すればいい。

しかし、２０１８年の中間選挙では、予想通り民主党が下院の多数を制して、「分割政府」が出現した。大統領の議会対策は、これまでよりも慎重にならざるをえなくなった。在韓米軍の削減や撤退となれば、早くても数年を要旨、予算措置も必要になる。まして、軍部は必ず反対する。先に引用したウッドワードの新著でも、トランプはアフガニスタンからの米軍の全面撤収を唱えながら、マティス国防長官やH・R・マクマスター国家安全保障問題担当大統領補佐官らに説得された。

さらに、トランプ支持層には、退役軍人も少なくない。アフガニスタン、イラクと二つの大きな戦争に従軍し、負傷し、戦友を失った者たちである。自分たちが適正に評価されていない、処遇されていないという不満が、トランプ支持につながっていた。軍部の意向にあからさまに反した在韓米軍の削減や撤退には、こうした人々からも理解を得られなかったであろう。バイデン政権は強引な削減や撤退をすまいが、長期的な朝鮮半島政策を打ち出す余裕も当面ありそうにない。

福田赳夫首相に「異論を唱える」

そして、日本の役割である。

カーターが在韓米軍の撤退を図った時、福田赳夫内閣は苦境に立った。米政府内部の文書を見よう。

「日本政府は、アメリカの撤退決定について、共同決定者の役割を強いられるような方法で、〝協議〟されたくはない。特に、韓国での兵力水準に焦点を当てたように見える日米協議は、野党に政治的攻撃の機会を与える、と日本政府は信じている。もし日本政府がわれわれとの協議で、韓国からのアメリカの撤退に〝抵抗〟すれば、政府は当該地域での軍事的緊張に貢献している、と野党は非難するであろう。もし日本政府がアメリカの提案している撤退を喜んで受け入れれば、アメリカは実は日本をより積極的な軍事的役割に引き込もうとしている、と野党は論難するかもしれない」（拙著『大統領の挫折』163ページ）。

また、ウォルター・モンデール副大統領との会談で、福田首相は次のように述べている。

「日本政府は、在韓米地上軍撤退に関するアメリカの長期的な考えを理解するが、同時に、南北朝鮮の対立に均衡を維持するために米軍が果している役割についても注意が向けられるよう希望する」、「朝鮮に関して、日本はアメリカと韓国との間の二国間問題に干渉する権利はないとの立場を国会その他でとってきた」、「これは国内政治的な目的だけではなく、韓国に自国防衛能力がないと日本が考えているかの印象を与えることを、韓国が望まないからである」（同、１６５ページ）

これに対して、モンデール副大統領は、「在韓米軍撤退はアメリカにとって、……大局的に見れば米韓二国間よりもむしろ日米両国間により比重のかかった問題」だと喝破し、福田首相に対して「異論を唱える」とまで述べている（同、１６７ページ）。

日本は在韓米軍の撤退には本当は反対なのだが、国内的にも対外的にも、そう明言できないし、責任をとりたくない、というわけである。何しろ、日米関係を同盟と呼べなかった時代の話である。１９７８年末にまとまった「日米防衛協力のための指針」（ガイドライン）でも、蓋然性《がいぜんせい》の低い日本有事の研究が関の山で、より蓋然性の高い極東有事の研究には着手できなかった。

日本からの経済協力が一番安全

しかし、今や日米同盟ははるかに制度化され強化された。限定的といえども、日本は集団的自衛権を行使することもできる。しかも、米中の戦略的競争では日本は正面、否、最前線に位置している。傍観者的な態度は許されないのである。在韓米軍や米韓同盟で不測の事態が生じないように、日本は朝鮮半島の安全保障に十分に影響力を行使し、関与しなければならない。そのためには、責任の分担と知恵の共有が不可欠である。

岸田文雄首相の下で国家安全保障戦略が改定されようとしている。ここでは、中国や北朝鮮が得意とするサイバー攻撃はもとより、経済安全保障にも十分に対処できるような施策が求められよう。また、朝鮮半島有事の際の非戦闘員退避作戦（ＮＥＯ）も練り上げなければならない。

さらに、日本の防衛費は国内総生産（ＧＤＰ）の１％以下の水準である。トランプ大統領は、ＮＡＴＯ加盟諸国にＧＤＰの２％を国防費に充てるという公約の実現を、強く迫っていた。今や西ヨーロッパよりも東アジアの安全保障環境のほうが、はるかに厳しい。いきなり倍増とはいかなくても、日本が今の防衛費の水準で諸課題を達成するのは不可能である。防衛費の微増を繰り返すだけでは、アメリカ製の高額な武器の購入を迫られるばかりであろう。日本の明確な意志を示す様な、防衛費の増額が必要である。

ハト派と目された岸田政権下で、そうした議論が起ころうとしている。40年近く前にモンデール副大統領が述べたように、在韓米軍問題は対極的には日米関係の問題であり、日本の覚悟の問題でもある。その上、最近では台湾海峡も緊張の度を増しており、ここでも日本の覚悟と準備が問われている。

岸田文雄首相（EPA＝時事）

北朝鮮の非核化については、非核保有国である日本の役割は限定的にならざるをえない。さらに、日朝間には、核とミサイルだけでなく拉致問題という難題が横たわっている。これらの諸問題が解決されれば、両国は国交正常化に向かい、その後に日本が北朝鮮に経済協力を行なう——これが2

002年に小泉純一郎首相と金正日委員長との間でまとまった日朝平壌宣言の描くシナリオである。

経済協力の金額は明示されていないが、1965年の日韓国交正常化の際に、日本は有償・無償を合わせて5億ドルを韓国に提供した。これと相当の金額となると、100億ドルとも200億ドルとも言われる。これだけ大規模の経済支援を北朝鮮に提供する意図と能力の双方を有する国は、世界中で日本と中国と韓国しかない。

アメリカには能力はあるが意図はなく、ロシアには意図があっても能力がない。しかも、北朝鮮にとって、日本からの経済協力が一番安全である。できれば、中国にこれ以上依存したくないし、南北統一を睨《にら》めば、韓国に借りを作らないほうがよい。北朝鮮問題で、いたずらに「日本蚊帳《かや》の外《そと》」論に嘆くのではなく、短期的には出番が少なくとも、長期的には重要な役割を果たせるとの覚悟のもとで、悪化する日韓関係に冷静に対処しつつ、アメリカとの協力を強化することが、朝鮮半島という難問への正攻法であろう。

第7章

「希望の同盟」の行方

二重の新たな「戦間期」

「歴史上、自暴自棄で戦争を始めた国があるなら、いってみたまえ！」——日本を追いつめるべきではないと献策した若い駐日米大使館員に、国務省の高官はこう詰め寄った。若い外交官は例を挙げられなかったが、結果として日本がその例になった。「危機の20年」を経て、日米は開戦したのである。

長い歴史の中で、日米関係は総じて友好的で安定しており、日米戦争はむしろ例外だったと、入江昭《あきら》（ハーバード大学名誉教授、外交史）は説いている。戦後、日本はアメリカの制度や価値観を受け入れ、経済成長を謳歌しながら、アメリカに戦略的拠点を提供してきた。冷戦の主戦場はヨーロッパであった。だが、冷戦期を通じて、アメリカにとって日本の戦略的価値は高く、とりわけ、新冷戦の時代には、堅固な日米同盟はソ連の国力を分散・消耗させて、冷戦そのものの終焉に貢献した。

また、日本とアジア諸国の関係が良好な時に、日米関係は一層安定した。日中関係と日韓関係を改善させながら、レーガン大統領との間に「ロン・ヤス」関係を築いた中曽根康弘首相の外交などは、その好例であろう。アメリカにとっては、アジアで信頼される日本が望ましく、アジア諸国にとっては、アメリカと緊密な日本に価値があった。

こうした条件に変化が生じたのは、冷戦が終わり、21世紀に入ってからである。1989年11月9日のベルリンの壁の瓦解（冷戦の終焉）から2001年9月11日の同時多発テロ（「テロとの闘い」の開始）までの期間は、新たな「戦間期」に当たる。

先述のように、ソ連という共通の敵を失い、米中の疑似的な冷戦同盟は意義を失った。他方、第二次世界大戦の敗戦国（日独伊）とは異なり、冷戦の「敗戦国」ロシアは民主化せず、「戦勝国」アメリカへの怨嗟を温め続けた。中国やロシアが民主化に向かい、その過程で不安定になるのではないかという危惧――ワイマール共和国からヒトラーが登場した歴史のアナロジー――は、まったくの杞憂に終わった。中国もロシアも民主化を経ずに、専制主義に身を委ねた。「ワイマール・チャイナ」も「ワイマール・ロシア」も、出現しなかったのである。

さらに、湾岸戦争からイラク戦争までのもう一つの「戦間期」が、ここに重なる。つまり、この時期は「二重の戦間期」だったのである。

この間に、日本の国際的地位も変化した。1980年代のアメリカでは、日本の経済的脅威が盛んに語られ、やがて冷戦の真の勝者はアメリカではなく日本だとさえ論じられた。だが、それも束の間であった。湾岸危機・戦争での日本の対応は「あまりに小さく、あまりに遅い」と批判され、日本はこの戦争で外交的な敗者となった。その後も同盟の「漂流」が危惧された。

ところが、「テロとの闘い」が始まると、小泉純一郎首相はブッシュ大統領との強い信頼関係を築いた。日本は湾岸戦争のトラウマに囚われて対米協力に傾斜したし、アメリカは同盟国の協力を必要としていた。一転して、日米関係は「黄金時代」に入ったと言われた。

「アメリカが最後に勝ったのはいつだ?」

他方、ブッシュ政権内には中国に厳しい見方をする者（通称・ブルーチーム）が多く、北朝鮮問題や台湾問題をめぐって米中の相互不信が強まっていった。同様に、小泉首相が靖国神社参拝を繰り返したため、日中関係や日韓関係も悪化した。しかし、それらが日米関係に波及することはなかった。

「テロとの闘い」の主戦場もやはり中東であり、アジアではなかった。そのため、ブッシュ政権も中国や北朝鮮にそれほど強硬な姿勢はとれなかった。オバマ政権になると、この傾向は一層顕著になった。オバマはハワイ生まれの「太平洋大統領」を自認したが、リーマン・ショック後の経済対策に追われた。アメリカでは、G2（チャイメリカ）を容認する議論も勢いを得た。日本でも民主党政権（2009―12年）が登場し、国内政治も日米関係も混乱した。

だが、2011年末にはイラク戦争が終結し、翌年に中国で習近平政権が成立した。この間に、オバマ政権は「アジア・リバランス」戦略を打ち出したが、中国の海洋進出は続き、13年にはオバマ自身が「アメリカは世界の警察官ではない」と表明するに至った。

そして、2017年にトランプ政権が成立した。「アメリカが最後に勝ったのはいつだ?」と、トランプは問うた。彼は「ブッシュの戦争」に反対する孤立主義的傾向をオバマから継承しながら、アメリカ「衰退」の原因を中国や移民、同盟国のための負担に求めた。同時多発テロを惹起したオサマ・ビン・ラディンの意図せぬ最大の成果は、トランプ政権の誕生だったと揶揄する向きさえある。

冷戦期と同様、「二重の戦間期」にすでにアメリカはさらなる「安全保障国家」に変貌していた。当然、「安全保障国家」は内外に敵を求める。この「安全保障国家」の中枢で、トランプは「アイデンティティ・ポリティックス」や「ステイタス・ポリティックス」を巧みに操り、単独主義的な外交と内政の分断を共振させたのである。

「戦略的狭隘性」の問題

トランプ外交は、ヨーロッパや韓国などとの同盟関係に亀裂をもたらした。トランプ大統領は1980年代的な世界イメージを抱いており、当初は日本の「ただ乗り」も強く指弾していた。しかし、トランプ政権下でも日米同盟は動揺せず、むしろ強化されていった。

それは何故か。最も直接的には、安倍晋三首相が細心の注意を払いながら、トランプ大統領との信頼関係を構築したことによる。両首脳の関係は、「ロン・ヤス」関係、ブッシュ・小泉下での「黄金時代」に匹敵する。米中関係と米欧関係が同時に緊張する中で、日本はグローバル・ガバナンスにも貢献したことになる。「対米従属外交」といった定型的な批判には回収しきれない外交の重層性が、そこにはあった。まさに、日米同盟は「希望の同盟」になろうとしていた。

より構造的には、米中関係が悪化する中で、日米双方が同盟の強化を必要としたことである。日中関係や日韓関係にかかわらず、日米同盟が強化されるというパターンが、ほぼ確立された。アメリカにとって、日本は軍事的にも経済的にもアジアで最も信頼すべき同盟国であり、しかも、中国沿岸部からわずか１０００キロの距離に弓なりに位置している。他方、日本は単独では中国に対抗しえないが、中国に簡単に屈服するには強すぎる。韓国や東南アジア諸国とは、国力が異なるのである。

しかし、東南アジア諸国が相互協力し、韓国が北朝鮮との和解を夢見るような、歴史的・文化的な同質性に根差したパートナーを日本は持たない。この「戦略的狭隘性《きょうあいせい》」のために、日本はアメリカとの同盟関係を必要とする。「戦略的狭隘性」の問題は、台湾にあっては日本以上に深刻である。

巨大な敵対的勢力の正面に位置するという意味では、今日の日本は冷戦期にソ連と向き合った西ドイツに近い。しかし、西ドイツと異なりＮＡＴＯのような多国間同盟機構に属さないという点で、日本の立場はかつての西ドイツよりも厳しい。しかも、日本経済も対中依存を強めている。「希望の同盟」のパートナーとして、日本には冷戦期の西ドイツとイギリスを足したほどの覚悟と知恵が求められている。

強硬な対中政策はワシントンでの数少ないコンセンサス

さて、2021年にアメリカでバイデン政権が登場した。実は、日本にはかなりのトランプ・ファンがおり、バイデン民主党政権の中国政策を不安視する向きも少なくなかった。トランプ政権下でも、日米関係は深刻なダメージを受けなかった。しかも、日本人の間でも、中国に対する警戒感や嫌悪感は強いが、日本には単独で中国と正面から対立するほどの覚悟も国力もない。そのため、トランプ大統領が中国相手に「喧嘩」を売ってくれることに、日本人の多くは溜飲《りゅういん》を下ろしてきたのである。

また、日米貿易摩擦が激しかった頃、民主党が多数を制する連邦議会（特に下院）は、厳しい対日批判を繰り返した。近過去でも、クリントン、オバマの民主党政権では日米関係が動揺した。こうした記憶から、民主党は日本に冷たく中国に宥和的になるとの先入観が、日本人の中で形成されてきた。さらに、政権から下野した際に、共和党のエリートたちが大企業の役員や顧問弁護士となって日本のビジネス・サークルと関係を維持することが多いのに対して、民主党のエリートたちは大学やシンクタンクに戻ることが多く、日本のエリート層との接点が乏しくなりがちである。その上、日米同盟の核にある米軍の高官に共和党支持者が多いことも、民主党不信の一因であろう。

だが、強硬な対中政策はワシントンでの数少ないコンセンサスであり、バイデン政権もトランプ外交を継承している。とりわけ、バイデン政権はアメリカ、日本、オーストラリア、インドによる戦略的な連携、クワッドを重視している。ただし、インドは戦略的な独立志向が強い上に、ナレンドラ・モディ政権下でヒンドゥー至上主義に傾いている。かつてソ連牽制のために「チャイナ・カード」を切ったように、中国牽制のために「インド・カード」を切ることは、決して容易ではない。オーストラリアはアメリカと言語や文化を共有する頼もしいパートナーだが、人口２６００万人弱であり大国とは呼び難い。「希望の同盟」こそが、クワッドの核をなす。

10年遅れの「アジア・リバランス」

さらに2021年9月には、バイデン政権はアメリカ、イギリス、オーストラリアによる太平洋地域での戦略的協力、オーカスを打ち出した。アメリカは10年遅れで「アジア・リバランス」に動き出している。また、イギリスはヨーロッパ連合（EU）を離脱して「グローバル・ブリテン」と称し、インド太平洋への傾斜を強めている。ただし、オーストラリアに原潜が配備されるまでには10年を要する。やはり、われわれは「懸念される10年」を乗り越えなければならない。

このように、バイデン政権の対中政策は同盟重視であり、さらに、環境問題や人権問題も主要な争点にしている。2021年末には、イギリスが提唱した民主主義10カ国による首脳会議（D10）も開催される。グローバル化によって、環境や人権、経済、感染症など、あらゆる問題が安全保障問題になりうる。国際政治学者はこれを「安全保障化」と呼んでいる。

とはいえ、同盟重視には注意が必要である。例えば、オーカスによって、米英はオーストラリアの原子力潜水艦開発を支援することになった。このために、オーストラリアとフランスのディーゼル型原潜の共同開発が中止されたのである。フランスの外相などは、バイデン大統領のことを「ツイッターに書き込まない以外はトランプと同じ」と怒りを露わにした。バイデン外交にも、トランプ外交に通底する「アメリカ・ファースト」、あるいは「アングロサクソン・ファースト」が見え隠れしている。また、同盟重視とは、同盟の負担や責任が増すという意味でもある。

他方で、対中強硬路線といっても、バイデン政権は「邪悪な中国共産党」からの体制転覆などはめざしておらず、より限定的に、中国の対外的な行動様式の変化を求めている。21年9月の国連総会でも、バイデン大統領は同盟関係を不可欠としながらも、米中冷戦を回避すべく、地球規模課題での協力を呼び掛けた。対する習近平主席も、クワッドやオーカスを「小さなグループ」と蔑視しつつも、相互尊重と共存共栄、ウィン・ウィン関係の構築を説いた（中国が二度勝つという意味だとのジョークもあるが）。

レトリックの自縛？

このように、「バイデンのアメリカ」は「トランプのアメリカ」と外交的手法を異にするようで意外な共通点を持ち、外交目標を共有しているようで微妙な差異を孕んでいる。また、この二つのアメリカが団結することが中国との競争を勝ち抜く前提だが、対中強硬論がコンセンサスとして広く固定化してしまえば、それが米中対立を激化させ長期化させるというパラドックスに陥る。トルーマン・ドクトリンと同様に、専制対民主主義といったレトリックにアメリカ政治が自縛されてしまうかもしれない。

バイデン・トランプ・菅の非エリート的世界観

さて、日本では2020年9月に安倍首相が病気のために退陣し、菅義偉官房長官が後任となった。菅首相はバイデン大統領と同じ70歳代であり、二人は年下の上司（オバマと安倍）を8年近く支えてきた共通点を持っていた。また、菅首相は議員秘書や市会議員を経て国政に携わった「叩き上げ」「苦労人」であり、バイデン大統領も失意を知る政治家であった。二人とも世襲政治家ではなく、いわゆる学歴エリートでもない。おそらく、両首脳のケミストリーは悪くないはずであった。ただし、バイデン大統領にとっては饒舌、菅首相にとっては訥弁《とつべん》という正反対の資質が、それぞれの政治的欠点であった。

本書の冒頭では、トランプ大統領のお気に入り映画を紹介した。バイデン大統領のお気に入りの映画は、ロバート・マリガン監督『アラバマ物語』(1962年)、ヒュー・ハドソン監督『炎のランナー』(1981年)、ピーター・ウィアー監督『いまを生きる』(1989年)などだという。

戦前の南部で黒人の人権を守ろうとする白人弁護士(グレゴリー・ペック)、差別や偏見を乗り越えて陸上競技に打ち込む二人の若者、そして、全寮制の進学校で若者に生きる意味を問う熱血教師(ロビン・ウィリアムズ)――バイデンが理想とする人物像が、これらから浮かび上がってこよう。リベラルな世界観という点ではトランプと好対照だが、非エリート的という点はバイデンとトランプ、そして菅首相にも共通している。

その菅首相は所信表明演説で、2050年までに温室効果ガスの排出を日本全体でゼロにする「2050年カーボンニュートラル宣言」を発した。主要な政策目標で、バイデン政権との共有を明確に示したのである。米中対立が進む中で、環境問題なら日米中協力を推進できるとの読みもあったであろう。また、この宣言はエネルギー政策にも直結しており、21年9月の自由民主党総裁選挙の重要な争点でもあった。

岸田内閣が長期化すれば

しかし、コロナ禍が菅内閣を直撃し、内閣支持率は下落を続けた（アフガニスタン撤退でバイデン政権の支持率も急落している）。21年8月に、カブール（タリバンの首都占拠）と横浜（自民党候補の市長選敗北）で二人の首脳は追いつめられた。ついに9月には、菅首相は月末の自由民主党総裁選挙に出馬しないと表明した。その結果、岸田文雄（自民党前政調会長）、河野太郎（行政改革担当大臣）、高市早苗（前総務大臣）、野田聖子（自民党幹事長代行）の4人が出馬した。激戦の末、自民党総裁、そして首相の座を射止めたのは、岸田前政調会長であった。

自民党総裁の任期は3年（3選まで可能）だから、岸田内閣は2024年9月まで続く可能性がある。そうなれば、バイデン政権とほぼ重なる。24年に日米双方でリーダーが交代するかもしれない。だが、長期政権（佐藤栄作、中曽根、小泉）の後には、短命の内閣が続く傾向がある。すでに菅内閣が1年で終わり、ポスト安倍の日本政治もこの傾向を踏襲するのかもしれない。それは、アメリカ政府の最も厭《いと》うところであろう。

もとより、今後の日米関係は米中関係に強く規定されよう。だが、冷戦初期にイギリスが重要な役割を果たしたように、日本も米中関係に大きな役割を果たせるかもしれない。クワッドに先立ち、「戦略的ダイヤモンド」や「自由で開かれたインド太平洋」（FOIP）という概念を提示したのは、そもそも日本である。

クワッドを強化しつつ、米中関係を悪化させないという難題に取り組むには、まず日本の政治が安定することである。中曽根、小泉、安倍と、日米関係の強化に貢献した首相は、いずれも長期政権を維持した。だからこそ、首脳間の信頼関係が築けるのである。

離島防衛はまず独力対処

まず、安全保障面では、日米が協力して対中抑止、対北朝鮮抑止を強化しなければならない。台湾有事や朝鮮半島有事については、それらが日本有事に直結するという自覚を持って備えなければならない。何しろ、与那国島と台湾本島の距離はわずか一一〇キロであり、一五〇キロの台湾より狭い。その際に、一方で日本独自の情報収集能力や科学技術力、打撃力の確保と、他方で日米共同対処能力の向上との間のバランスが問われる。前者を追求すれば自立性は高まるが、コストが増大する。後者を追求すれば、その逆となる。紛争の烈度が高まるにつれて、日米共同対処能力の重要性が高まろう。残念ながら、中国の急激な軍拡のために、紛争の烈度が上がりやすい危険な状況が現出している。

尖閣諸島をはじめとする離島防衛では、まずは日本が独力対処しなければならない。日米同盟は重要だが、日本の離島のために中国との紛争に巻き込まれる危険は避けたい——アメリカの識者の中には、これを「尖閣パラドックス」と呼ぶ者もいる。日本が独力対処の覚悟と努力を示してこそ、アメリカの関与が確かなものになる。また、有事と平時との中間に当たるグレーゾーン事態についても、自衛隊と海上保安庁との緊密な連携が必要である。さらに、オーストラリアやインド、韓国や台湾など、日米以外のアクターの役割も、シナリオごとに計算に入れていかなければならない。

人口減少を相殺する生産性とイノベーションを

経済面では、今日の米中関係、日中関係は、冷戦期の米ソ関係、日ソ関係の比ではない。例えば、今日の米中の年間貿易総額は5600億ドルに上るが、米ソの貿易総額は最盛期

（１９７９年）でも45億ドル（今日の１７０億ドル程度）にすぎなかった。しかも、中国はレアアースの輸出や中国人観光客の規制を外交の手段に用いることを厭わず、「経済相互依存の武器化」に勤《いそ》しんでいる。最近では、ＴＰＰ加盟申請という「寝技」も用いている。もちろん、トランプ政権も経済制裁を乱発した。

こうした殺伐とした経済関係の中で、日本はアメリカ不在のＴＰＰを支えつつ、サプライチェーンの多角化に励まなければならない。特に戦略的に重要な物資については、「中国プラス１」のサプライチェーン構築が求められる。岸田内閣で安全保障担当大臣が新設された。さらに、経済安全保障包括法の策定が急がれる。

また、科学技術は、経済と安全保障の双方に死活的な意味を持つ。その意味で、内閣総理大臣が議長を務める総合科学技術・イノベーション会議で、日本学術会議議長がメンバーの一人であるのに、防衛大臣がそうでないのは、奇異かつ時代錯誤であろう。

環境やエネルギー、人権といった問題も、容易に安全保障問題になる。先述の「安全保障化」である。これらの問題をめぐって、日米間でどれだけ政策調整ができようか。また、環境問題で日米が期待するほど中国は協力的になろうか。米欧は中国の人権問題に厳しいが、日本は人権問題で中国に制裁を科すまでの覚悟があるか。

さらに、同性婚や夫婦別姓、女性の社会進出に対する日本の消極的な姿勢が人権問題視されはしないか。外交における価値共有が盛んに語られるが、米欧やオーストラリア、アジアでも台湾が同性婚を認めているのに対して、これを認めていないのは日本、韓国、北朝鮮、中国、ロシアなどである。安全保障と社会的価値とのねじれが、ここに潜んでいる。岸田内閣で新設される人権担当首相補佐官の役割が試されよう。BLMやアジア人差別など、アメリカ国内の人権問題もさらに先鋭化するかもしれない。

コアの安全保障問題はもとより、経済、科学技術、環境、エネルギー、人権と広範な政策調整が、日米両国、さらにクワッドに求められる。その上、そうした協力の輪を東南アジア諸国やヨーロッパにも広めていかなければならない。こうした課題をこなすには、人口減少を相殺するだけの生産性とイノベーションが必要である。

鏡としてのアメリカ——狭量や不寛容を克服できるか

活力ある日米同盟、クワッドを前に、中国がルールに基づく国際協力に利益を見出せば、

「懸念される10年」は穏健に終息するかもしれない。１９７０年代から新冷戦の時代に類似しよう。だが、アメリカを中心とした多国間の結束がうまく機能しないか、中国の態度が頑強なら、「懸念される10年」を超えて対立と緊張が長期化して冷戦型に至るか、破局に向かう「危機の20年」になってしまうかもしれない。

しかも、アメリカでは「冷たい内戦」が進行している。人種や宗教、ジェンダー、地理、学歴、収入、世代など、様々な点で社会の亀裂が深まっており、それが外交にも投影されている。「トランプのアメリカ」の中にも、「バイデンのアメリカ」の中にも、幾重もの断層があり、両者に通底する部分もある。

われわれはアメリカとビジネスでつながり、その文化を旺盛に受容しながら、複雑な政治制度や歴史については存外と無知である。今ほど、日本で戦略的アメリカ研究が必要な時はあるまい。21世紀に入って、日本でのアメリカ政治研究は格段に深化したが、その重要性に鑑みれば、より一層の投資が求められる。

「一つの国（祖国）についてしか知らない者は、実はその国についても知ってはいない」と、19世紀フランスの思想家アレクシス・ド・トックヴィルは喝破した。まさに、アメリカは日本の鏡たりうる。アメリカ社会を覆う分断や不寛容は、すでに日本社会にも浸透しつつある。トランプを嗤《わら》うエリートやインテリが、時としてトランプ以上に排他的で不寛容であることは、アメリカも日本も同じである。保守もリベラルも狭量になっている。

アメリカは、そして、日本は、狭量や不寛容をやがては克服できようか？　そのためには、まず社会が活力を取り戻す必要がある。歴史的に見ても、「アメリカン・ドリーム」と「アメリカ・ファースト」は、社会の衰退期に共に語られてきた。バイデン版「ニューディール」は功を奏するであろうか？　岸田版「所得倍増計画」は成功しようか？

最後にもう一度、チャーチルの言葉を引いて本書を閉じよう。

「アメリカ人は常に正しいことをする。ただし、他のあらゆる可能性を試みた後に」。

これは留保付きの、しかし力強い希望であり、日米同盟が今後も「希望の同盟」であるための前提である。希望は待望と異なり、主体性を要する。希望は欲望と異なり、公共性を要する。そして、希望は願望とも異なり、現実性を要する。「懸念される10年」や「危機の20年」の中にあって、日米両国はともに、この主体性と公共性と現実性を保持していかなければならない。

おわりに

コロナ禍で行動を制限されながらも、日米関係にとって、2021年はジェットコースターのような1年であった。1月には、大きな混乱を伴いながら、バイデン政権が誕生した。バイデン大統領と菅首相の相性(ケミストリー)は良好に見えた。その菅内閣は、変則的な東京オリンピック・パラリンピックを何とか開催した。だが、8月半ばにカブールが陥落してバイデン大統領の支持率は急落し、その1週間後に横浜市長選挙で自民党が惨敗して、菅首相の退陣につながった。9月末の熾烈な自民党総裁選挙を経て、10月には岸田文雄内閣が成立した。そして、衆議院の解散・総選挙である。読者の皆さんはその結果をご存じだが、この「あとがき」執筆段階で筆者はそれを知らない。

本書は、日米関係やアメリカの政治外交について、ここ数年書き溜めたものをいくつかのキーワードを用いて「再処理」しながら、より長期的な「歴史のアナロジー」という視点から加筆修正したものである。そうした経緯のため、各章の叙述に若干の重複があることをお許しいただきたい。

筆者が日米関係やアメリカの政治外交を専門に研究するようになってから、30年以上が経つ。この間、実に多くの方々にご指導いただいてきた。この数年、アメリカの政治外交に激動が続く中で、筆者は3人の恩師を亡くした。同志社大学の麻田貞雄先生、神戸大学の木村修三先生、そして、ジョージ・ワシントン大学のバートン・セイピン（Burton Sapin）先生である。「村田君」「Koji」と、先生方の声が今でも聞こえてくる。その深い学恩に改めて感謝しつつ、心よりご冥福をお祈りしたい。

月刊誌『Ｖｏｉｃｅ』への寄稿の折には中西史也氏に、そして、本書の執筆に当たっては白地利成氏に、多大なご尽力をいただいた。記してお礼を申し上げたい。中西氏は私のゼミの卒業生である。亡くなった先生方の学恩を、ほんのわずかでも次の世代に伝承できれば、これほど幸せなことはない。

２０２１年10月20日　京都・五条の寓居にて　村田晃嗣

【初出一覧】

第1章『国際安全保障』2021年3月、第48巻4号の論考に加筆・修正
第2章『Voice』2017年3月号、7月号、11月号、2019年8月号の論考に加筆・修正
第3章『国際安全保障』、同前
第4章　書き下ろし
第5章　書き下ろし
第6章『Voice』2019年1月号の論考に加筆・修正
第7章　書き下ろし

PHP新書
PHP INTERFACE
https://www.php.co.jp/

村田晃嗣［むらた・こうじ］

1964年、神戸市生まれ。87年、同志社大学法学部卒業。95年、神戸大学大学院法学研究科博士課程修了。博士（政治学）。この間、91～95年、米国ジョージ・ワシントン大学留学。広島大学総合科学部助教授、同志社大学法学部助教授などを経て、2005年より同志社大学法学部教授。13年から16年まで同志社大学学長を務めた。著書に『大統領の挫折』（有斐閣、1998年、アメリカ学会清水博賞・サントリー学芸賞受賞）、『戦後日本外交史』（共著、有斐閣、1999年、吉田茂賞受賞）など多数がある。

トランプVSバイデン

「冷たい内戦」と「危機の20年」の狭間

（PHP新書 1287）

二〇二一年十一月三十日 第一版第一刷

著者――村田晃嗣
発行者――永田貴之
発行所――株式会社ＰＨＰ研究所
東京本部――〒135-8137 江東区豊洲5-6-52
第一制作部 ☎03-3520-9615（編集）
普及部 ☎03-3520-9630（販売）
京都本部――〒601-8411 京都市南区西九条北ノ内町11
組版――有限会社メディアネット
装幀者――芦澤泰偉＋児崎雅淑
印刷所 製本所――図書印刷株式会社

ISBN978-4-569-85072-6

ＰＨＰ新書刊行にあたって

「繁栄を通じて平和と幸福を」（PEACE and HAPPINESS through PROSPERITY）の願いのもと、ＰＨＰ研究所が創設されて今年で五十周年を迎えます。その歩みは、日本人が先の戦争を乗り越え、並々ならぬ努力を続けて、今日の繁栄を築き上げてきた軌跡に重なります。

しかし、平和で豊かな生活を手にした現在、多くの日本人は、自分が何のために生きているのか、どのように生きていきたいのかを、見失いつつあるように思われます。そして、その間にも、日本国内や世界のみならず地球規模での大きな変化が日々生起し、解決すべき問題となって私たちのもとに押し寄せてきます。

このような時代に人生の確かな価値を見出し、生きる喜びに満ちあふれた社会を実現するために、いま何が求められているのでしょうか。それは、先達が培ってきた知恵を紡ぎ直すこと、その上で自分たち一人一人がおかれた現実と進むべき未来について丹念に考えていくこと以外にはありません。

その営みは、単なる知識に終わらない深い思索へ、そしてよく生きるための哲学への旅でもあります。弊所が創設五十周年を迎えましたのを機に、ＰＨＰ新書を創刊し、この新たな旅を読者と共に歩んでいきたいと思っています。多くの読者の共感と支援を心よりお願いいたします。

一九九六年十月

ＰＨＰ研究所

PHP新書

［政治・外交］

893 語られざる中国の結末　宮家邦彦
898 なぜ中国から離れると日本はうまくいくのか　石　平
920 テレビが伝えない憲法の話　木村草太
931 中国の大問題　丹羽宇一郎
954 哀しき半島国家　韓国の結末　宮家邦彦
967 新・台湾の主張　李　登輝
979 なぜ中国は覇権の妄想をやめられないのか　石　平
988 従属国家論　佐伯啓思
1000 アメリカの戦争責任　竹田恒泰
1024 ヨーロッパから民主主義が消える　川口マーン惠美
1060 イギリス解体、EU崩落、ロシア台頭　岡部　伸
1076 日本人として知っておきたい「世界激変」の行方　中西輝政
1083 なぜローマ法王は世界を動かせるのか　徳安　茂
1122 強硬外交を反省する中国　宮本雄二
1124 チベット　自由への闘い　櫻井よしこ
1135 リベラルの毒に侵された日米の憂鬱　ケント・ギルバート
1137 「官僚とマスコミ」は嘘ばかり　髙橋洋一
1153 日本転覆テロの怖すぎる手口　兵頭二十八
1155 中国人民解放軍　茅原郁生
1157 二〇二五年、日中企業格差　近藤大介
1163 AI監視社会・中国の恐怖　宮崎正弘
1169 韓国壊乱　櫻井よしこ／洪　熒
1180 プーチン幻想　グレンコ・アンドリー
1188 シミュレーション日本降伏　北村　淳
1189 ウイグル人に何が起きているのか　福島香織
1196 イギリスの失敗　岡部　伸
1208 アメリカ　情報・文化支配の終焉　石澤靖治
1212 メディアが絶対に知らない2020年の米国と日本　渡瀬裕哉
1225 ルポ・外国人ぎらい　宮下洋一
1226 「NHKと新聞」は嘘ばかり　髙橋洋一
1231 米中時代の終焉　日高義樹
1236 韓国問題の新常識　Voice編集部［編］
1237 日本の新時代ビジョン　鹿島平和研究所・PHP総研［編］
1241 ウッドロー・ウィルソン　倉山　満
1248 劣化する民主主義　宮家邦彦
1250 賢慮《けんりょ》の世界史　佐藤　優／岡部　伸
1254 メルケル　仮面の裏側　川口マーン惠美
1260 中国vs.世界　安田峰俊
1261 NATOの教訓　グレンコ・アンドリー

1274 日本を前に進める 河野太郎

［経済・経営］

187 働くひとのためのキャリア・デザイン 金井壽宏
379 なぜトヨタは人を育てるのがうまいのか 若松義人
450 トヨタの上司は現場で何を伝えているのか 若松義人
543 ハイエク 知識社会の自由主義 池田信夫
587 微分・積分を知らずに経営を語るな 内山 力
594 新しい資本主義 原 丈人
620 自分らしいキャリアのつくり方 高橋俊介
752 日本企業にいま大切なこと 野中郁次郎／遠藤 功
852 ドラッカーとオーケストラの組織論 山岸淳子
892 知の最先端 クレイトン・クリステンセンほか［著］／大野和基［インタビュー・編］
901 ホワイト企業 高橋俊介
932 なぜローカル経済から日本は甦るのか 冨山和彦
958 ケインズの逆襲、ハイエクの慧眼 松尾 匡
985 新しいグローバルビジネスの教科書 山田英二
998 超インフラ論 藤井 聡
1023 大変化——経済学が教える二〇二〇年の日本と世界 竹中平蔵
1027 戦後経済史は嘘ばかり 髙橋洋一
1029 ハーバードでいちばん人気の国・日本 佐藤智恵
1033 自由のジレンマを解く 松尾 匡
1080 クラッシャー上司 松崎一葉
1084 セブン-イレブン1号店 繁盛する商い 山本憲司
1088 「年金問題」は嘘ばかり 髙橋洋一
1114 クルマを捨ててこそ地方は甦る 藤井 聡
1136 残念な職場 河合 薫
1162 なんで、その価格で売れちゃうの? 永井孝尚
1166 人生に奇跡を起こす営業のやり方 田口佳史／田村 潤
1172 お金の流れで読む 日本と世界の未来 ジム・ロジャーズ［著］／大野和基［訳］
1174 「消費増税」は嘘ばかり 髙橋洋一
1175 平成の教訓 竹中平蔵
1187 なぜデフレを放置してはいけないか 岩田規久男
1193 労働者の味方をやめた世界の左派政党 吉松 崇
1198 中国金融の実力と日本の戦略 柴田 聡
1203 売ってはいけない 永井孝尚
1204 ミルトン・フリードマンの日本経済論 柿埜真吾
1220 交渉力 橋下 徹
1230 変質する世界 Voice編集部［編］
1235 決算書は3項目だけ読めばいい 大村大次郎
1258 脱GHQ史観の経済学 田中秀臣
1265 決断力 橋下 徹

1273 自由と成長の経済学 柿埜真吾

［社会・教育］

117 社会的ジレンマ 山岸俊男
335 NPOという生き方 島田 恒
418 女性の品格 坂東眞理子
495 親の品格 坂東眞理子
504 生活保護vsワーキングプア 大山典宏
522 プロ法律家のクレーマー対応術 横山雅文
537 ネットいじめ 荻上チキ
546 本質を見抜く力――環境・食料・エネルギー 養老孟司／竹村公太郎
586 理系バカと文系バカ 竹内 薫［著］／嵯峨野功一［構成］
602 「勉強しろ」と言わずに子供を勉強させる法 小林公夫
618 世界一幸福な国デンマークの暮らし方 千葉忠夫
621 コミュニケーション力を引き出す 平田オリザ／蓮行
629 テレビは見てはいけない 苫米地英人
692 女性の幸福［仕事編］ 坂東眞理子
720 格差と貧困のないデンマーク 千葉忠夫
789 「勉強しろ」と言わずに子供を勉強させる言葉 小林公夫
792 「日本」を捨てよ 苫米地英人
819 日本のリアル 養老孟司
828 ハッカーの手口 岡嶋裕史
829 頼れない国でどう生きようか 加藤嘉一／古市憲寿
832 スポーツの世界は学歴社会 橘木俊詔／齋藤隆志
847 子どもの問題 いかに解決するか 岡田尊司／魚住絹代
854 女子校力 杉浦由美子
857 大津中2いじめ自殺 共同通信大阪社会部
858 中学受験に失敗しない 高濱正伸
869 若者の取扱説明書 齋藤 孝
870 しなやかな仕事術 林 文子
888 日本人はいつ日本が好きになったのか 竹田恒泰
897 生活保護vs子どもの貧困 大山典宏
987 量子コンピューターが本当にすごい 竹内 薫／丸山篤史［構成］
994 文系の壁 養老孟司
997 無電柱革命 小池百合子／松原隆一郎
1022 社会を変えたい人のためのソーシャルビジネス入門 駒崎弘樹
1025 人類と地球の大問題 丹羽宇一郎
1032 なぜ疑似科学が社会を動かすのか 石川幹人
1040 世界のエリートなら誰でも知っているお洒落の本質 干場義雅
1059 広島大学は世界トップ100に入れるのか 山下柚実
1073 「やさしさ」過剰社会 榎本博明

1079 超ソロ社会　荒川和久
1087 羽田空港のひみつ　秋本俊二
1093 震災が起きた後で死なないために　野口 健
1106 御社の働き方改革、ここが間違ってます！　白河桃子
1125 『週刊文春』と『週刊新潮』闘うメディアの全内幕　花田紀凱／門田隆将
1128 男性という孤独な存在　橘木俊詔
1140 「情の力」で勝つ日本　日下公人
1144 未来を読む　ジャレド・ダイアモンドほか［著］／大野和基［インタビュー・編］
1146 「都市の正義」が地方を壊す　山下祐介
1149 世界の路地裏を歩いて見つけた「憧れのニッポン」　早坂 隆
1150 いじめを生む教室　荻上チキ
1151 オウム真理教事件とは何だったのか？　一橋文哉
1154 孤独の達人　諸富祥彦
1161 貧困を救えない国 日本　阿部彩／鈴木大介
1164 ユーチューバーが消滅する未来　岡田斗司夫
1183 本当に頭のいい子を育てる 世界標準の勉強法　茂木健一郎
1190 なぜ共働きも専業もしんどいのか　中野円佳
1201 未完の資本主義　ポール・クルーグマンほか［著］／大野和基［インタビュー・編］
1202 トイレは世界を救う　ジャック・シム［著］／近藤奈香［訳］
1219 本屋を守れ　藤原正彦
1223 教師崩壊　妹尾昌俊
1229 大分断　エマニュエル・トッド［著］／大野 舞［訳］
1231 未来を見る力　河合雅司
1233 男性の育休　小室淑恵／天野 妙
1234 AIの壁　養老孟司
1239 社会保障と財政の危機　鈴木 亘
1242 食料危機　井出留美
1247 日本の盲点　開沼 博
1249 働かないおじさんが御社をダメにする　白河桃子
1252 データ立国論　宮田裕章
1262 教師と学校の失敗学　妹尾昌俊
1263 同調圧力の正体　太田 肇
1264 子どもの発達格差　森口佑介
1271 自由の奪還　アンデシュ・ハンセン他［著］／大野和基［インタビュー・編］
1277 転形期の世界　Voice編集部［編］
1280 東アジアが変える未来　Voice編集部［編］
1281 5000日後の世界　ケヴィン・ケリー［著］／大野和基［インタビュー・編］／服部桂［訳］

1277 転形期の世界 Voice編集部［編］

［歴史］

061 なぜ国家は衰亡するのか 中西輝政
286 歴史学ってなんだ? 小田中直樹
505 旧皇族が語る天皇の日本史 竹田恒泰
663 日本人として知っておきたい近代史［明治篇］ 中西輝政
755 日本人はなぜ日本のことを知らないのか 竹田恒泰
761 真田三代 平山 優
784 日本古代史を科学する 中田 力
903 アジアを救った近代日本史講義 渡辺利夫
922 木材・石炭・シェールガス 石井 彰
968 古代史の謎は「海路」で解ける 長野正孝
1012 古代史の謎は「鉄」で解ける 長野正孝
1057 なぜ会津は希代の雄藩になったか 中村彰彦
1064 真田信之 父の知略に勝《まさ》った決断力 平山 優
1085 新渡戸稲造はなぜ『武士道』を書いたのか 草原克豪
1086 日本にしかない「商いの心」の謎を解く 呉 善花
1096 名刀に挑む 松田次泰
1104 一九四五 占守島の真実 相原秀起
1108 コミンテルンの謀略と日本の敗戦 江崎道朗
1111 北条氏康 関東に王道楽土を築いた男 伊東 潤／板嶋常明
1115 古代の技術を知れば、『日本書紀』の謎が解ける 長野正孝
1116 国際法で読み解く戦後史の真実 倉山 満
1118 歴史の勉強法 山本博文
1121 明治維新で変わらなかった日本の核心 猪瀬直樹／磯田道史
1123 天皇は本当にただの象徴に堕ちたのか 竹田恒泰
1129 物流は世界史をどう変えたのか 玉木俊明
1130 なぜ日本だけが中国の呪縛から逃れられたのか 石 平
1138 吉原はスゴイ 堀口茉純
1141 福沢諭吉 しなやかな日本精神 小浜逸郎
1142 卑弥呼以前の倭国五〇〇年 大平 裕
1152 日本占領と「敗戦革命」の危機 江崎道朗
1160 明治天皇の世界史 倉山 満
1167 吉田松陰『孫子評註』を読む 森田吉彦
1168 特攻 知られざる内幕 戸髙一成［編］
1176 「縄文」の新常識を知れば 日本の謎が解ける 関 裕二
1177 「親日派」朝鮮人 消された歴史 拳骨拓史
1178 歌舞伎はスゴイ 堀口茉純
1181 日本の民主主義はなぜ世界一長く続いているのか 竹田恒泰